Public Transp

Tram & Light Rail
European Metro Systems
2011
(6th edition)

Researched & Updated by:	Martin Hall 5 Sunninghill Close, West Hallam, Ilkeston DE7 6LS
Printed & Distributed by:	HB Publications Ltd 3 Ingham Grove, Hartlepool TS25 2LH

Front Cover: Seen on the Frankfurt Metro is U5 Metro Car 627 (Jeff Hall)

Rear Cover: Seen on Line 2 of the Paris Metro is Type MF2000 set 023 (Jeff Hall)

Contents

Amsterdam (Netherlands) 5
Athens (Greece) 5
Barcelona (Spain) 7
Berlin (Germany) 10
Bilbao (Spain) 15
Brescia (Italy) 15
Brussels (Belgium) 15
Bucharest (Romania) 17
Budapest (Hungary) 18
Copenhagen (Denmark) 20
Frankfurt 20
Glasgow (UK) 21
Hamburg (Germany) 22
Helsinki (Finland) 26
Izmir (Turkey) 26
Lille (France) 26
Lisbon (Portugal) 27
London-LUL (UK) 30
London-DLR (UK) 39
London-Heathrow Track Transit System (UK) 40

Tram & Light Rail Datafile No 3 - European Metro Systems

London-Heathrow Personal Rapid Transit (UK) 40
London-Post Office Railway - Closed (UK) 40
Lausanne (Switzerland) 41
Lyon (France) 41
Madrid (Spain) 42
Marseille (France) 50
Milan (Italy) 51
Munich (Germany) 54
Newcastle (UK) 57
Nuremburg (Germany) 58
Oslo (Norway) 59
Palma de Mallorca (Spain) 60
Paris Metro (France) 61
Porto (Portugal) 91
Prague (Czech Republic) 91
Rennes (France) 94
Rome (Italy) 94
Rotterdam (Netherlands) 95
Seville (Spain) 97
Sofia (Bulgaria) 97
Stockholm (Sweden) 97
Stourbridge (UK) 100
St Petersburg (Russia) 101
Toulouse (France) 103
Turin (Italy) 104
Valencia (Spain) 104
Vienna (Austria) 105
Warsaw (Poland) 108
Wuppertal (Germany) 109

General Abbreviations

DM	Driving Motor Car
DT	Driving Tailer Car
NDM	Non-Driving Motor Car
(s)	Stored
T&WPTE	Tyne &Wear Public Transport Executive
T	Trailer Car
UNDM	Uncoupling Non-Driving Motor Car

Manufacturers

ABB	ASEA-Brown Boveri
AEG	Allgemeine Elektrizitats-Gesellschaft
ALS	Alstom
BOM	Bombardier
DB	Daimler-Benz
DWM	Deutsche Waggon und Maschinenfabrik
HOKA	Honefoss Karosseri Jernbanevognfabrik
KHD	Klockner-Humboldt-Deutz
LEW	Lokomotivbau Elektrotechnische Werke
LHB	Linke-Hofmann-Busch
MAN	MAN Nutzfarzuege
NEBB	Norsk Elektrisk & Brown Boveri
NIY	No Information on the system yet
O&K	Orenstein & Koppel
Skabo	Aktieselkabet Skabo Jernbanevognfabrik
WMD	Waggon und Maschinenbau
WU	Waggon-Union

Introduction

Welcome to the 2011 edition of Metros and Underground Systems of Europe. The rapid transit schemes have three main names, the metro, the underground and the U-bahn, but they all serve the same purpose which is to move as many people quickly round a city with as little fuss as possible. Metro's at the moment represent a growth area (with trams) for many sectors of the railway industry because of the congestion caused by cars. As many people work in the cities and prefer to live outside, trying to move them around can be a headache and rapid transit schemes seem to be the way ahead. Many of the terms for these systems are misleading as they travel both above and below ground. Where the below ground system works well is in the centre of the city were space is at a premium but when they get to the suburbs, were many people live, we can come above ground for convenience. Many thanks go to Barry Jones, Jeff Hall, Laurie Williams and Ray Smith

There are systems that are missing from this list and are listed below. If you can help me with any information please contact me at the address below.

Martin Hall
5,Sunninghill Close
West Hallam
Ilkeston
Derbyshire
DE7 6LS

October 2010

trams@hbpub.co.uk

Amsterdam — 40km — 1435mm — GVB

Type M1 — 1973 — LHB/MAN/Siemens/Holec

1	2	3	4		

Type M2 — 1976-77 — LHB/MAN/Siemens/Holec

5	11	17	23	28	33
6	12	18	24	29	34
7	13	19	25	30	35
8	14	20	26	31	36
9	15	21	27	32	37
10	16	22			

Type M3 — 1980 — LHB/MAN/Siemens/Holec

38	40	41	42	43	44
39					

Type S1 (LRV) Sneltram — 1990-91 — BN/Holec

45	48	50	52	54	56
46	49	51	53	55	57
47					

Type S2 (LRV) Sneltram — 1993-94 — BN/Holec

58	60	62	64	66	68
59	61	63	65	67	69

Type S3 (LRV) Sneltram — 1997 — CAF/Holec

70	71	72	73		

Type M4 — 1996-97 — CAF/Holec

74	80	86	92	97	102
75	81	87	93	98	103
76	82	88	94	99	104
77	83	89	95	100	105
78	84	90	96	101	106
79	85	91			

Service Loco — 1979-80 — Gmeinder

1001	1002	1010			

Athens — 25.84km — 1435mm — ISAP

1983 Stock — German Built — DM

101	109	117	125	132	139
102	110	118	126	133	140
103	111	119	127	134	141
104	112	120	128	135	142
105	113	121	129	136	143
106	114	122	130	137	144
107	115	123	131	138	145
108	116	124			

1983 Stock — German Built — DT

201	204	207	210	212	214
202	205	208	211	213	215
203	206	209			

Athens (cont)

1983 Stock — German Built — NDT

301	306	310	314	318	322
302	307	311	315	319	323
303	308	312	316	320	324
304	309	313	317	321	325
305					

1993 Stock — Greek Built — DM

146	151	156	161	166	171
147	152	157	162	167	172
148	153	158	163	168	173
149	154	159	164	169	174
150	155	160	165	170	175

1993 Stock — Greek Built — DT

216	218	220	222	224	225
217	219	221	223		

1993 Stock — Greek Built — DT

316	318	320	322	324	325
317	319	321	323		

1984 Stock — DM

1101	1106	1110	1114	1118	1122
1102	1107	1111	1115	1119	1123
1103	1108	1112	1116	1120	1124
1104	1109	1113	1117	1121	1125
1105					

1984 Stock — DM

2201	2206	2210	2214	2218	2222
2202	2207	2211	2215	2219	2223
2203	2208	2212	2216	2220	2224
2204	2209	2213	2217	2221	2225
2205					

Heritage Stock — 1958-68 — DM

601	Stored OSE	607	In service	615	Stored Faliro Depot
602	Stored OSE	610	Art Gallery at Piraeus	617	Stored Faliro Depot
603	In service	611	Stored Faliro Depot	618	Stored OSE
604	In service	613	Special Heritage Set	620	Special Heritage Set
605	Special Heritage Set				

Heritage Stock — 1958-68 — DT

1	9	419	421	423	426
3	418	420	422	424	427
8					

Heritage Stock — 1958-68 — NDT

404	405	501			

| Barcelona | | 76.4Km | 1433 / 1674mm | TMB |
| Barcelona | | 44Km | 1435mm | FGC |

500 Series
503	504	505	506		

1000 Series
| 1001 | 1003 | 1005 | 1007 | 1009 | 1011 |
| 1002 | 1004 | 1006 | 1008 | 1010 | 1099 |

1000/3 Series
1301	1306	1310	1314	1318	1322
1302	1307	1311	1315	1319	1323
1303	1308	1312	1316	1320	1324
1304	1309	1313	1317	1321	1325
1305					

1000/4 Series
1401	1406	1410	1414	1418	1422
1402	1407	1411	1415	1419	1423
1403	1408	1412	1416	1420	1424
1404	1409	1413	1417	1421	1425
1405					

2000 Series
2001	2006	2010	2014	2018	2022
2002	2007	2011	2015	2019	2023
2003	2008	2012	2016	2020	2024
2004	2009	2013	2017	2021	2025
2005					

2000/1 Series
2101	2111	2121	2131	2141	2151
2102	2112	2122	2132	2142	2152
2103	2113	2123	2133	2143	2153
2104	2114	2124	2134	2144	2154
2105	2115	2125	2135	2145	2155
2106	2116	2126	2136	2146	2156
2107	2117	2127	2137	2147	2157
2108	2118	2128	2138	2148	2158
2109	2119	2129	2139	2149	2159
2110	2120	2130	2140	2150	2160

2000/3 Series
| 2301 | 2302 | 2303 | 2304 | 2305 | 2306 |

2000/4 Series
2401	2404	2407	2410	2412	2414
2402	2405	2408	2411	2413	2415
2403	2406	2409			

3000 Series
3001	3007	3013	3019	3025	3031
3002	3008	3014	3020	3026	3032
3003	3009	3015	3021	3027	3033
3004	3010	3016	3022	3028	3034
3005	3011	3017	3023	3029	3035
3006	3012	3018	3024	3030	3036

Barcelona (cont)

3000 Series

3037	3043	3049	3055	3061	3067
3038	3044	3050	3056	3062	3068
3039	3045	3051	3057	3063	3069
3040	3046	3052	3058	3064	3070
3041	3047	3053	3059	3065	3071
3042	3048	3054	3060	3066	3072

3000/3 Series

3301	3305	3308	3311	3314	3317
3302	3306	3309	3312	3315	3318
3303	3307	3310	3313	3316	3319
3304					

4000 Series

4001	4018	4035	4052	4068	4084
4002	4019	4036	4053	4069	4085
4003	4020	4037	4054	4070	4086
4004	4021	4038	4055	4071	4087
4005	4022	4039	4056	4072	4088
4006	4023	4040	4057	4073	4089
4007	4024	4041	4058	4074	4090
4008	4025	4042	4059	4075	4091
4009	4026	4043	4060	4076	4092
4010	4027	4044	4061	4077	4093
4011	4028	4045	4062	4078	4094
4012	4029	4046	4063	4079	4095
4013	4030	4047	4064	4080	4096
4014	4031	4048	4065	4081	4097
4015	4032	4049	4066	4082	4098
4016	4033	4050	4067	4083	4099
4017	4034	4051			

4000/3 Series

4301	4306	4310	4314	4318	4322
4302	4307	4311	4315	4319	4323
4303	4308	4312	4316	4320	4324
4304	4309	4313	4317	4321	4325
4305					

5000 Series

5001	5016	5031	5046	5061	5076
5002	5017	5032	5047	5062	5077
5003	5018	5033	5048	5063	5078
5004	5019	5034	5049	5064	5079
5005	5020	5035	5050	5065	5080
5006	5021	5036	5051	5066	5081
5007	5022	5037	5052	5067	5082
5008	5023	5038	5053	5068	5083
5009	5024	5039	5054	5069	5084
5010	5025	5040	5055	5070	5085
5011	5026	5041	5056	5071	5086
5012	5027	5042	5057	5072	5087
5013	5028	5043	5058	5073	5088
5014	5029	5044	5059	5074	5089
5015	5030	5045	5060	5075	5090

Barcelona (cont)

5000 Series (cont)

5091	5127	5162	5197	5232	5267
5092	5128	5163	5198	5233	5268
5093	5129	5164	5199	5234	5269
5094	5130	5165	5200	5235	5270
5095	5131	5166	5201	5236	5271
5096	5132	5167	5202	5237	5272
5097	5133	5168	5203	5238	5273
5098	5134	5169	5204	5239	5274
5099	5135	5170	5205	5240	5275
5100	5136	5171	5206	5241	5276
5101	5137	5172	5207	5242	5277
5102	5138	5173	5208	5243	5278
5103	5139	5174	5209	5244	5279
5104	5140	5175	5210	5245	5280
5105	5141	5176	5211	5246	5281
5106	5142	5177	5212	5247	5282
5107	5143	5178	5213	5248	5283
5108	5144	5179	5214	5249	5284
5109	5145	5180	5215	5250	5285
5110	5146	5181	5216	5251	5286
5111	5147	5182	5217	5252	5287
5112	5148	5183	5218	5253	5288
5113	5149	5184	5219	5254	5289
5114	5150	5185	5220	5255	5290
5115	5151	5186	5221	5256	5291
5116	5152	5187	5222	5257	5292
5117	5153	5188	5223	5258	5293
5118	5154	5189	5224	5259	5294
5119	5155	5190	5225	5260	5295
5120	5156	5191	5226	5261	5296
5121	5157	5192	5227	5262	5297
5122	5158	5193	5228	5263	5298
5123	5159	5194	5229	5264	5299
5124	5160	5195	5230	5265	5300
5125	5161	5196	5231	5266	5301
5126					

5000/1 Series

5141	5142	5143	5144		

5000/5 Series

5501	5503	5505	5507	5509	5510
5502	5504	5506	5508		

6000 Series — 2007 - 2008 — CAF

6001	6006	6011	6016	6021	6026
6002	6007	6012	6017	6022	6027
6003	6008	6013	6018	6023	6028
6004	6009	6014	6019	6024	6029
6005	6010	6015	6020	6025	6030

9000 Series — 2006 - — CAF

9001	9004	9007	9010	9013	9016
9002	9005	9008	9011	9014	9017
9003	9006	9009	9012	9015	9018

Barcelona (cont)

9000 Series (cont)

9019	9025	9031	9036	9041	9046
9020	9026	9032	9037	9042	9047
9021	9027	9033	9038	9043	9048
9022	9028	9034	9039	9044	9049
9023	9029	9035	9040	9045	9050
9024	9030				

Berlin 164.7km 1435mm BVG

Metro 2 Car Unit

482 + 483	502 + 503	522 + 523	542 + 543	562 + 563	582 + 583
484 + 485	504 + 505	524 + 525	544 + 545	564 + 565	584 + 585
486 + 487	506 + 507	526 + 527	546 + 547	566 + 567	586 + 587
488 + 489	508 + 509	528 + 529	548 + 549	568 + 569	588 + 589
490 + 491	510 + 511	530 + 531	550 + 551	570 + 571	590 + 591
492 + 493	512 + 513	532 + 533	552 + 553	572 + 573	592 + 593
494 + 495	514 + 515	534 + 535	554 + 555	574 + 575	594 + 595
496 + 497	516 + 517	536 + 537	556 + 557	576 + 577	596 + 597
498 + 499	518 + 519	538 + 539	558 + 559	578 + 579	598 + 599
500 + 501	520 + 521	540 + 541	560 + 561	580 + 581	

A3L92/1 1992-93 ABB/WU

604	610	616	622	628	634
605	611	617	623	629	635
606	612	618	624	630	636
607	613	619	625	631	637
608	614	620	626	632	638
609	615	621	627	633	639

A3L82 1982-83 O&K

640	643	646	649	652	654
641	644	647	650	653	655
642	645	648	651		

A3L71 1972-73 O&K

656	676	696	716	736	756
657	677	697	717	737	757
658	678	698	718	738	758
659	679	699	719	739	759
660	680	700	720	740	760
661	681	701	721	741	761
662	682	702	722	742	762
663	683	703	723	743	763
664	684	704	724	744	764
665	685	705	725	745	765
666	686	706	726	746	766
667	687	707	727	747	767
668	688	708	728	748	768
669	689	709	729	749	769
670	690	710	730	750	770
671	691	711	731	751	771
672	692	712	732	752	772
673	693	713	733	753	773
674	694	714	734	754	774
675	695	715	735	755	775

Berlin (cont)

A3L71 (cont)

776	779	782	785	788	791	
777	780	783	786	789	792	
778	781	784	787	790	793	

Metro 4 Car Unit — 2001 — BVG

1001-1 + 1001-2 + 1001-3 + 1001-4
1002-1 + 1002-2 + 1002-3 + 1002-4
1003-1 + 1003-2 + 1003-3 + 1003-4
1004-1 + 1004-2 + 1004-3 + 1004-4
1005-1 + 1005-2 + 1005-3 + 1005-4
1006-1 + 1006-2 + 1006-3 + 1006-4
1007-1 + 1007-2 + 1007-3 + 1007-4
1008-1 + 1008-2 + 1008-3 + 1008-4
1009-1 + 1009-2 + 1009-3 + 1009-4
1010-1 + 1010-2 + 1010-3 + 1010-4
1011-1 + 1011-2 + 1011-3 + 1011-4
1012-1 + 1012-2 + 1012-3 + 1012-4
1013-1 + 1013-2 + 1013-3 + 1013-4
1014-1 + 1014-2 + 1014-3 + 1014-4
1015-1 + 1015-2 + 1015-3 + 1015-4
1016-1 + 1016-2 + 1016-3 + 1016-4
1017-1 + 1017-2 + 1017-3 + 1017-4
1018-1 + 1018-2 + 1018-3 + 1018-4
1019-1 + 1019-2 + 1019-3 + 1019-4
1020-1 + 1020-2 + 1020-3 + 1020-4
1021-1 + 1021-2 + 1021-3 + 1021-4
1022-1 + 1022-2 + 1022-3 + 1022-4
1023-1 + 1023-2 + 1023-3 + 1023-4
1024-1 + 1024-2 + 1024-3 + 1024-4
1025-1 + 1025-2 + 1025-3 + 1025-4
1026-1 + 1026-2 + 1026-3 + 1026-4
1027-1 + 1027-2 + 1027-3 + 1027-4
1028-1 + 1028-2 + 1028-3 + 1028-4
1029-1 + 1029-2 + 1029-3 + 1029-4
1030-1 + 1030-2 + 1030-3 + 1030-4
1031-1 + 1031-2 + 1031-3 + 1031-4
1032-1 + 1032-2 + 1032-3 + 1032-4
1033-1 + 1033-2 + 1033-3 + 1033-4
1034-1 + 1034-2 + 1034-3 + 1034-4
1035-1 + 1035-2 + 1035-3 + 1035-4
1036-1 + 1036-2 + 1036-3 + 1036-4
1037-1 + 1037-2 + 1037-3 + 1037-4
1038-1 + 1038-2 + 1038-3 + 1038-4
1039-1 + 1039-2 + 1039-3 + 1039-4
1040-1 + 1040-2 + 1040-3 + 1040-4
1041-1 + 1041-2 + 1041-3 + 1041-4
1042-1 + 1042-2 + 1042-3 + 1042-4
1043-1 + 1043-2 + 1043-3 + 1043-4
1044-1 + 1044-2 + 1044-3 + 1044-4
1045-1 + 1045-2 + 1045-3 + 1045-4
1046-1 + 1046-2 + 1046-3 + 1046-4
1047-1 + 1047-2 + 1047-3 + 1047-4

1048-1 + 1048-2 + 1048-3 + 1048-4
1049-1 + 1049-2 + 1049-3 + 1049-4
1050-1 + 1050-2 + 1050-3 + 1050-4
1051-1 + 1051-2 + 1051-3 + 1051-4
1052-1 + 1052-2 + 1052-3 + 1052-4
1053-1 + 1053-2 + 1053-3 + 1053-4
1054-1 + 1054-2 + 1054-3 + 1054-4
1055-1 + 1055-2 + 1055-3 + 1055-4
1056-1 + 1056-2 + 1056-3 + 1056-4
1057-1 + 1057-2 + 1057-3 + 1057-4
1058-1 + 1058-2 + 1058-3 + 1058-4
1059-1 + 1059-2 + 1059-3 + 1059-4
1060-1 + 1060-2 + 1060-3 + 1060-4
1061-1 + 1061-2 + 1061-3 + 1061-4
1062-1 + 1062-2 + 1062-3 + 1062-4
1063-1 + 1063-2 + 1063-3 + 1063-4
1064-1 + 1064-2 + 1064-3 + 1064-4
1065-1 + 1065-2 + 1065-3 + 1065-4
1066-1 + 1066-2 + 1066-3 + 1066-4
1067-1 + 1067-2 + 1067-3 + 1067-4
1068-1 + 1068-2 + 1068-3 + 1068-4
1069-1 + 1069-2 + 1069-3 + 1069-4
1070-1 + 1070-2 + 1070-3 + 1070-4
1071-1 + 1071-2 + 1071-3 + 1071-3
1072-1 + 1072-2 + 1072-4 + 1072-4
1073-1 + 1073-2 + 1073-3 + 1073-4
1074-1 + 1074-2 + 1074-3 + 1074-4
1075-1 + 1075-2 + 1075-3 + 1075-4
1076-1 + 1076-2 + 1076-3 + 1076-4
1077-1 + 1077-2 + 1077-3 + 1077-4
1078-1 + 1078-2 + 1078-3 + 1078-4
1079-1 + 1079-2 + 1079-3 + 1079-4
1080-1 + 1080-2 + 1080-3 + 1080-4
1081-1 + 1081-2 + 1081-3 + 1081-4
1082-1 + 1082-2 + 1082-3 + 1082-4
1083-1 + 1083-2 + 1083-3 + 1083-4
1084-1 + 1084-2 + 1084-3 + 1084-4
1085-1 + 1085-2 + 1085-3 + 1085-4
1086-1 + 1086-2 + 1086-3 + 1086-4
1087-1 + 1087-2 + 1087-3 + 1087-4
1088-1 + 1088-2 + 1088-3 + 1088-4
1089-1 + 1089-2 + 1089-3 + 1089-4
1090-1 + 1090-2 + 1090-3 + 1090-4
1091-1 + 1091-2 + 1091-3 + 1091-4
1092-1 + 1092-2 + 1092-3 + 1092-4
1093-1 + 1093-2 + 1093-3 + 1093-4

Berlin (cont)

F74/0			1973			O&K
2500	2501					

F74/1			1974-75			O&K
2502	2507	2512	2517	2522	2526	
2503	2508	2513	2518	2523	2527	
2504	2509	2514	2519	2524	2528	
2505	2510	2515	2520	2525	2529	
2506	2511	2516	2521			

F74/2			1974-75			O&K
2530	2534	2538	2541	2544	2547	
2531	2535	2539	2542	2545	2548	
2532	2536	2540	2543	2546	2549	
2533	2537					

F74/3			1974-75			O&K
2550	2551	2552	2553	2554	2555	

F76			1976-78			O&K/WU
2556	2570	2584	2598	2612	2625	
2557	2571	2585	2599	2613	2626	
2558	2572	2586	2600	2614	2627	
2559	2573	2587	2601	2615	2628	
2560	2574	2588	2602	2616	2629	
2561	2575	2589	2603	2617	2630	
2562	2576	2590	2604	2618	2631	
2563	2577	2591	2605	2619	2632	
2564	2578	2592	2606	2620	2633	
2565	2579	2593	2607	2621	2634	
2566	2580	2594	2608	2622	2635	
2567	2581	2595	2609	2623	2636	
2568	2582	2596	2610	2624	2637	
2569	2583	2597	2611			

F79/1			1980-81			WU
2638	2644	2650	2656	2662	2667	
2639	2645	2651	2657	2663	2668	
2640	2646	2652	2658	2664	2669	
2641	2647	2653	2659	2665	2670	
2642	2648	2654	2660	2666	2671	
2643	2649	2655	2661			

F79/2			1979-80			O&K
2672	2679	2686	2693	2700	2706	
2673	2680	2687	2694	2701	2707	
2674	2681	2688	2695	2702	2708	
2675	2682	2689	2696	2703	2709	
2676	2683	2690	2697	2704	2710	
2677	2684	2691	2698	2705	2711	
2678	2685	2692	2699			

F79/3			1980-81			O&K
2712	2714	2716	2718	2720	2722	
2713	2715	2717	2719	2721	2723	

Berlin (cont)

F84 — 1984-85 — WU

2724	2737	2750	2763	2776	2789	
2725	2738	2751	2764	2777	2790	
2726	2739	2752	2765	2778	2791	
2727	2740	2753	2766	2779	2792	
2728	2741	2754	2767	2780	2793	
2729	2742	2755	2768	2781	2794	
2730	2743	2756	2769	2782	2795	
2731	2744	2757	2770	2783	2796	
2732	2745	2758	2771	2784	2797	
2733	2746	2759	2772	2785	2798	
2734	2747	2760	2773	2786	2799	
2735	2748	2761	2774	2787	2800	
2736	2749	2762	2775	2788	2801	

F87 — 1986-87 — WU

2802	2809	2816	2823	2830	2837
2803	2810	2817	2824	2831	2838
2804	2811	2818	2825	2832	2839
2805	2812	2819	2826	2833	2840
2806	2813	2820	2827	2834	2841
2807	2814	2821	2828	2835	2842
2808	2815	2822	2829	2836	2843

F90 — 1991-92 — WU

2844	2854	2864	2874	2884	2894
2845	2855	2865	2875	2885	2895
2846	2856	2866	2876	2886	2896
2847	2857	2867	2877	2887	2897
2848	2858	2868	2878	2888	2898
2849	2859	2869	2879	2889	2899
2850	2860	2870	2880	2890	2900
2851	2861	2871	2881	2891	2901
2852	2862	2872	2882	2892	2902
2853	2863	2873	2883	2893	2903

F92 — 1992-93 — WU

2904	2923	2942	2960	2978	2996
2905	2924	2943	2961	2979	2997
2906	2925	2944	2962	2980	2998
2907	2926	2945	2963	2981	2999
2908	2927	2946	2964	2982	3000
2909	2928	2947	2965	2983	3001
2910	2929	2948	2966	2984	3002
2911	2930	2949	2967	2985	3003
2912	2931	2950	2968	2986	3004
2913	2932	2951	2969	2987	3005
2914	2933	2952	2970	2988	3006
2915	2934	2953	2971	2989	3007
2916	2935	2954	2972	2990	3008
2917	2936	2955	2973	2991	3009
2918	2937	2956	2974	2992	3010
2919	2938	2957	2975	2993	3011
2920	2939	2958	2976	2994	3012
2921	2940	2959	2977	2995	3013
2922	2941				

Berlin	164.7km 1435mm	BVG
Metro 6 Car Units	2001	BVG

5001-1 + 5001-2 + 5001-3 + 5001-4 + 5001-5 + 5001-6
5002-1 + 5002-2 + 5002-3 + 5002-4 + 5002-5 + 5002-6
5003-1 + 5003-2 + 5003-3 + 5003-4 + 5003-5 + 5003-6
5004-1 + 5004-2 + 5004-3 + 5004-4 + 5004-5 + 5004-6
5005-1 + 5005-2 + 5005-3 + 5005-4 + 5005-5 + 5005-6
5006-1 + 5006-2 + 5006-3 + 5006-4 + 5006-5 + 5006-6
5007-1 + 5007-2 + 5007-3 + 5007-4 + 5007-5 + 5007-6
5008-1 + 5008-2 + 5008-3 + 5008-4 + 5008-5 + 5008-6
5009-1 + 5009-2 + 5009-3 + 5009-4 + 5009-5 + 5009-6
5010-1 + 5010-2 + 5010-3 + 5010-4 + 5010-5 + 5010-6
5011-1 + 5011-2 + 5011-3 + 5011-4 + 5011-5 + 5011-6
5012-1 + 5012-2 + 5012-3 + 5012-4 + 5012-5 + 5012-6
5013-1 + 5013-2 + 5013-3 + 5013-4 + 5013-5 + 5013-6
5014-1 + 5014-2 + 5014-3 + 5014-4 + 5014-5 + 5014-6
5015-1 + 5015-2 + 5015-3 + 5015-4 + 5015-5 + 5015-6
5016-1 + 5016-2 + 5016-3 + 5016-4 + 5016-5 + 5016-6
5017-1 + 5017-2 + 5017-3 + 5017-4 + 5017-5 + 5017-6
5018-1 + 5018-2 + 5018-3 + 5018-4 + 5018-5 + 5018-6
5019-1 + 5019-2 + 5019-3 + 5019-4 + 5019-5 + 5019-6
5020-1 + 5020-2 + 5020-3 + 5020-4 + 5020-5 + 5020-6
5021-1 + 5021-2 + 5021-3 + 5021-4 + 5021-5 + 5021-6
5022-1 + 5022-2 + 5022-3 + 5022-4 + 5022-5 + 5022-6
5023-1 + 5023-2 + 5023-3 + 5023-4 + 5023-5 + 5023-6
5024-1 + 5024-2 + 5024-3 + 5024-4 + 5024-5 + 5024-6
5025-1 + 5025-2 + 5025-3 + 5025-4 + 5025-5 + 5025-6
5026-1 + 5026-2 + 5026-3 + 5026-4 + 5026-5 + 5026-6
5027-1 + 5027-2 + 5027-3 + 5027-4 + 5027-5 + 5027-6
5028-1 + 5028-2 + 5028-3 + 5028-4 + 5028-5 + 5028-6
5029-1 + 5029-2 + 5029-3 + 5029-4 + 5029-5 + 5029-6
5030-1 + 5030-2 + 5030-3 + 5030-4 + 5030-5 + 5030-6
5031-1 + 5031-2 + 5031-3 + 5031-4 + 5031-5 + 5031-6
5032-1 + 5032-2 + 5032-3 + 5032-4 + 5032-5 + 5032-6
5033-1 + 5033-2 + 5033-3 + 5033-4 + 5033-5 + 5033-6
5034-1 + 5034-2 + 5034-3 + 5034-4 + 5034-5 + 5034-6
5035-1 + 5035-2 + 5035-3 + 5035-4 + 5035-5 + 5035-6
5036-1 + 5036-2 + 5036-3 + 5036-4 + 5036-5 + 5036-6
5037-1 + 5037-2 + 5037-3 + 5037-4 + 5037-5 + 5037-6
5038-1 + 5038-2 + 5038-3 + 5038-4 + 5038-5 + 5038-6
5039-1 + 5039-2 + 5039-3 + 5039-4 + 5039-5 + 5039-6
5040-1 + 5040-2 + 5040-3 + 5040-4 + 5040-5 + 5040-6
5041-1 + 5041-2 + 5041-3 + 5041-4 + 5041-5 + 5041-6
5042-1 + 5042-2 + 5042-3 + 5042-4 + 5042-5 + 5042-6
5043-1 + 5043-2 + 5043-3 + 5043-4 + 5043-5 + 5043-6
5044-1 + 5044-2 + 5044-3 + 5044-4 + 5044-5 + 5044-6
5045-1 + 5045-2 + 5045-3 + 5045-4 + 5045-5 + 5045-6
5046-1 + 5046-2 + 5046-3 + 5046-4 + 5046-5 + 5046-6

Departmental Works Vehicles

4001	1949	A1 Narrow Profile		4008	1929	A2 Narrow Profile
4002	1925	A1 Narrow Profile		4009	1929	A2 Narrow Profile
4003	1926	A1 Narrow Profile		4010	1929	A2 Narrow Profile
4004	1926	B1 Large Profile		4031	1926	A1 Narrow Profile
4005	1928	B2 Large Profile		4032	1926	A1 Narrow Profile
4006	1926	B1 Large Profile		4190	1949	A2 Narrow Profile
4007	1927	B2 Large Profile		4191	1930	C2 Large Profile

Bilbao	28.2km	1000mm	CTB
CTB (4 Car Unit)	**1995-1996**		**CAF/ABB**

CTB (4 Car Unit) 1995-1996	
501-1 + 501-2 + 501-3 + 501-4	513-1 + 513-2 + 513-3 + 513-4
502-1 + 502-2 + 502-3 + 502-4	514-1 + 514-2 + 514-3 + 514-4
503-1 + 503-2 + 503-3 + 503-4	515-1 + 515-2 + 515-3 + 515-4
504-1 + 504-2 + 504-3 + 504-4	516-1 + 516-2 + 516-3 + 516-4
505-1 + 505-2 + 505-3 + 505-4	517-1 + 517-2 + 517-3 + 517-4
506-1 + 506-2 + 506-3 + 506-4	518-1 + 518-2 + 518-3 + 518-4
507-1 + 507-2 + 507-3 + 507-4	519-1 + 519-2 + 519-3 + 519-4
508-1 + 508-2 + 508-3 + 508-4	520-1 + 520-2 + 520-3 + 520-4
509-1 + 509-2 + 509-3 + 509-4	521-1 + 521-2 + 521-3 + 521-4
510-1 + 510-2 + 510-3 + 510-4	522-1 + 522-2 + 522-3 + 522-4
511-1 + 511-2 + 511-3 + 511-4	523-1 + 523-2 + 523-3 + 523-4
512-1 + 512-2 + 512-3 + 512-4	524-1 + 524-2 + 524-3 + 524-4

CTB (4 Car Unit)	2001-2002		CAF/Adtranz

551-1 + 551-2 + 551-3 + 551-4	558-1 + 558-2 + 558-3 + 558-4
552-1 + 552-2 + 552-3 + 552-4	559-1 + 559-2 + 559-3 + 559-4
553-1 + 553-2 + 553-3 + 553-4	560-1 + 560-2 + 560-3 + 560-4
554-1 + 554-2 + 554-3 + 554-4	561-1 + 561-2 + 561-3 + 561-4
555-1 + 555-2 + 555-3 + 555-4	562-1 + 562-2 + 562-3 + 562-4
556-1 + 556-2 + 556-3 + 556-4	563-1 + 563-2 + 563-3 + 563-4
557-1 + 557-2 + 557-3 + 557-4	

Brescia	1435mm Automated Metro	
3-Car Rubber Tyred Trains	**2010-2011**	**Ansaldo-Breda**

18 train units have been ordered

Brussels	40.5km	1435mm	STIB/MIBV
Type M1 2 CAR	**1974-76**		**U2 BN/ACEC**

101	111	121	131	141	151	
102	112	122	132	142	152	
103	113	123	133	143	153	
104	114	124	134	144	154	
105	115	125	135	145	155	
106	116	126	136	146	156	
107	117	127	137	147	157	
108	118	128	138	148	158	
109	119	129	139	149	159	
110	120	130	140	150	160	

Brussels (cont)

Type M2 2-CAR   1975-76   U2 CFC/ACEC

165	170	175	180	185	190
166	171	176	181	186	191
167	172	177	182	187	192
168	173	178	183	188	193
169	174	179	184	189	194

Type M3/M4 3-CAR   1980-92   U3 BN/ACEC/BOM/ALS

201	212	223	234	245	255
202	213	224	235	246	256
203	214	225	236	247	257
204	215	226	237	248	258
205	216	227	238	249	259
206	217	228	239	250	260
207	218	229	240	251	261
208	219	230	241	252	262
209	220	231	242	253	263
210	221	232	243	254	264
211	222	233	244		

Type M3 2-CAR   1981   U2 BN/ACEC

265	266	267	268	269	270

Type M3/M4 3-CAR   1980-92   U3 BN/ACEC/BOM/ALS

301	312	323	334	344	354
302	313	324	335	345	355
303	314	325	336	346	356
304	315	326	337	347	357
305	316	327	338	348	358
306	317	328	339	349	359
307	318	329	340	350	360
308	319	330	341	351	361
309	320	331	342	352	362
310	321	332	343	353	363
311	322	333			

Type M5 2-CAR   1999   U2 BOM/ALS

401	403	405	407	409	410
402	404	406	408		

Type M5 3-CAR   1999   U3 BOM/ALS

411	413	415	417	419	420
412	414	416	418		

Type M5 3-CAR   1999   U3 BOM/ALS

431	433	435	437	438	439
432	434	436			

Brussels (cont)

Type M6 6-CAR   2006-   U3-BOA CAF

1st number 6 denotes series type
2nd & 3rd numbers 01-30 denotes vehicle number
3th number denotes type - 1 driving motor, 4 trailer, 7 motor trailer
Trains operate as two 3 car sets

6011 + 6014 + 6017	6111 + 6114 + 6117	6211 + 6214 + 6217
6021 + 6024 + 6027	6121 + 6124 + 6127	6221 + 6224 + 6227
6031 + 6034 + 6037	6131 + 6134 + 6137	6231 + 6234 + 6237
6041 + 6044 + 6047	6141 + 6144 + 6147	6241 + 6244 + 6247
6051 + 6054 + 6057	6151 + 6154 + 6157	6251 + 6254 + 6257
6061 + 6064 + 6067	6161 + 6164 + 6167	6261 + 6264 + 6267
6071 + 6074 + 6077	6171 + 6174 + 6177	6271 + 6274 + 6277
6081 + 6084 + 6087	6181 + 6184 + 6187	6281 + 6284 + 6287
6091 + 6094 + 6097	6191 + 6194 + 6197	6291 + 6294 + 6297
6101 + 6104 + 6107	6201 + 6204 + 6207	6301 + 6304 + 6307

Bucharest   57.2km   1435mm   Metrorex RA

REM   1979-1995   Astra Arad

001	036	071	106	141	176
002	037	072	107	142	177
003	038	073	108	143	178
004	039	074	109	144	179
005	040	075	110	145	180
006	041	076	111	146	181
007	042	077	112	147	182
008	043	078	113	148	183
009	044	079	114	149	184
010	045	080	115	150	185
011	046	081	116	151	186
012	047	082	117	152	187
013	048	083	118	153	188
014	049	084	119	154	189
015	050	085	120	155	190
016	051	086	121	156	191
017	052	087	122	157	192
018	053	088	123	158	193
019	054	089	124	159	194
020	055	090	125	160	195
021	056	091	126	161	196
022	057	092	127	162	197
023	058	093	128	163	198
024	059	094	129	164	199
025	060	095	130	165	200
026	061	096	131	166	201
027	062	097	132	167	202
028	063	098	133	168	203
029	064	099	134	169	204
030	065	100	135	170	205
031	066	101	136	171	206
032	067	102	137	172	207
033	068	103	138	173	208
034	069	104	139	174	209
035	070	105	140	175	210

Bucharest (cont)

REM			1979-1995			Astra Arad
211	218	225	232	239	246	
212	219	226	233	240	247	
213	220	227	234	241	248	
214	221	228	235	242	249	
215	222	229	236	243	250	
216	223	230	237	244	251	
217	224	231	238	245		

BM2			2002			Bombardier
1001						

BM2			2002-2004			Bombardier/Electro
1002	1005	1008	1011	1014	1017	
1003	1006	1009	1012	1015	1018	
1004	1007	1010	1013	1016		

BM2			2002			Bombardier
2001						

BM2			2002-2004			Bombardier/Electro
2002	2005	2008	2011	2014	2017	
2003	2006	2009	2012	2015	2018	
2004	2007	2010	2013	2016		

Budapest 31.7km 1435mm BKV

EV			1968-72			Mytistchi
100	117	134	151	168	184	
101	118	135	152	169	185	
102	119	136	153	170	186	
103	120	137	154	171	187	
104	121	138	155	172	188	
105	122	139	156	173	189	
106	123	140	157	174	190	
107	124	141	158	175	191	
108	125	142	159	176	192	
109	126	143	160	177	193	
110	127	144	161	178	194	
111	128	145	162	179	195	
112	129	146	163	180	196	
113	130	147	164	181	197	
114	131	148	165	182	198	
115	132	149	166	183	199	
116	133	150	167			

EV3			1975-79			Mytistchi
200	208	216	224	232	240	
201	209	217	225	233	241	
202	210	218	226	234	242	
203	211	219	227	235	243	
204	212	220	228	236	244	
205	213	221	229	237	245	
206	214	222	230	238	246	
207	215	223	231	239	247	

Budapest (cont)

EV3 (cont)

248	256	264	272	280	288	
249	257	265	273	281	289	
250	258	266	274	282	290	
251	259	267	275	283	291	
252	260	268	276	284	292	
253	261	269	277	285	293	
254	262	270	278	286	294	
255	263	271	279	287		

81-717 — 1979-90 — Mytistchi

300	311	322	333	343	353	
301	312	323	334	344	354	
302	313	324	335	345	355	
303	314	325	336	346	356	
304	315	326	337	347	357	
305	316	327	338	348	358	
306	317	328	339	349	359	
307	318	329	340	350	360	
308	319	330	341	351	361	
309	320	331	342	352	362	
310	321	332				

Prototype — 1987 — Ganz M

400	401	402	403	404	405	

81-714 — 1979-90 — Mytistchi

3000	3021	3042	3063	3083	3103	
3001	3022	3043	3064	3084	3104	
3002	3023	3044	3065	3085	3105	
3003	3024	3045	3066	3086	3106	
3004	3025	3046	3067	3087	3107	
3005	3026	3047	3068	3088	3108	
3006	3027	3048	3069	3089	3109	
3007	3028	3049	3070	3090	3110	
3008	3029	3050	3071	3091	3111	
3009	3030	3051	3072	3092	3112	
3010	3031	3052	3073	3093	3113	
3011	3032	3053	3074	3094	3114	
3012	3033	3054	3075	3095	3115	
3013	3034	3055	3076	3096	3116	
3014	3035	3056	3077	3097	3117	
3015	3036	3057	3078	3098	3118	
3016	3037	3058	3079	3099	3119	
3017	3038	3059	3080	3100	3120	
3018	3039	3060	3081	3101	3121	
3019	3040	3061	3082	3102	3122	
3020	3041	3062				

Metropolis 5-Car Units — 2009- — Alstom

BKV has ordered 170 metro cars but no info on fleet lists yet

Copenhagen   1435mm

Trains run as three car units but the middle car does not appear to have a number

Metro Cars			3 Car Units
A1 + ? + B1	A9 + ? + B9	A17 + ? + B17	A25 + ? + B25
A2 + ? + B2	A10 + ? + B10	A18 + ? + B18	A26 + ? + B26
A3 + ? + B3	A11 + ? + B11	A19 + ? + B19	A27 + ? + B27
A4 + ? + B4	A12 + ? + B12	A20 + ? + B20	A28 + ? + B28
A5 + ? + B5	A13 + ? + B13	A21 + ? + B21	A29 + ? + B29
A6 + ? + B6	A14 + ? + B14	A22 + ? + B22	A30 + ? + B30
A7 + ? + B7	A15 + ? + B15	A23 + ? + B23	A31 + ? + B31
A8 + ? + B8	A16 + ? + B16	A24 + ? + B24	

Frankfurt-Am-Main   56.2km   1435mm Stadtwerte

U2h			1968-76			Duewag
303	313	328	338	348	357	
304	315	329	339	349	358	
305	316	330	340	350	359	
306	319	331	341	351	360	
307	321	332	342	352	361	
308	322	333	343	353	362	
309	324	334	344	354	363	
310	325	335	345	355	364	
311	326	336	346	356	365	
312	327	337	347			

U2e			1976-84			Duewag
366	372	378	384	390	396	
367	373	379	385	391	397	
368	374	380	386	392	398	
369	375	381	387	393	399	
370	376	382	388	394	400	
371	377	383	389	395	401	

U2h			1984			Duewag
402	403	404	405	406		

U3			1980			Duewag
451	456	461	466	470	474	
452	457	462	467	471	475	
453	458	463	468	472	476	
454	459	464	469	473	477	
455	460	465				

U4			1997-98			Duewag
512	517	522	527	532	536	
513	518	523	528	533	537	
514	519	524	529	534	538	
515	520	525	530	535	539	
516	521	526	531			

U5			2008-2009			Statbahn
601	604	607	610	613	616	
602	605	608	611	614	617	
603	606	609	612	615	618	

Frankfurt (cont)

U5 (cont)

619	624	629	634	639	643
620	625	630	635	640	644
621	626	631	636	641	645
622	627	632	637	642	646
623	628	633	638		

AM6   1972 - 1973   Duewag

Note: Car 663 has passed to the fire brigade for trainning purposes.

653	677	686	694	702	710
663	678	687	695	703	711
665	680	688	696	704	712
667	681	689	697	705	713
671	682	690	698	706	714
674	683	691	699	707	715
675	684	692	700	708	716
676	685	693	701	709	

AM6   1977 - 1978   Duewag

717	723	729	735	741	746
718	724	730	736	742	747
719	725	731	737	743	748
720	726	732	738	744	749
721	727	733	739	745	750
722	728	734	740		

Glasgow (UK)   104km   1220mm   SPTE

Single Power Cars   1977-79   Metro-Cammell

101	107	113	119	124	129
102	108	114	120	125	130
103	109	115	121	126	131
104	110	116	122	127	132
105	111	117	123	128	133
106	112	118			

Intermediate Trailers   1992   Hunslet-Barclay

201	203	205	206	207	208
202	204				

Works Locomotives   1974-77   Clayton Equipment

L2 "Lobey Dosser"	L3 "Rank Bajin"	L4 "El Fideldo"	

Hamburg (Germany) 101km 1435mm HHA

DT41 — 1988-1991 — LHB

101	106	111	116	121	126
102	107	112	117	122	127
103	108	113	118	123	128
104	109	114	119	124	129
105	110	115	120	125	130

DT42 — 1993-1995 — LHB

131	135	139	143	146	149
132	136	140	144	147	150
133	137	141	145	148	151
134	138	142			

DT43 — 1995-1997 — LHB

152	156	160	163	166	169
153	157	161	164	167	170
154	158	162	165	168	171
155	159				

DT44 — 1999-2000 — LHB

172	175	178	181	183	185
173	176	179	182	184	186
174	177	180			

DT45 — 2002-2003 — LHB

187	191	195	199	203	207
188	192	196	200	204	208
189	193	197	201	205	209
190	194	198	202	206	

DT456 — 2003-2004 — LHB

210	211				

DT46 — 2004-2005 — LHB

212	215	218	221	223	225
213	216	219	222	224	226
214	217	220			

Hamburg (cont)

DT5		2010-2015	Alstom / Bombardier
301-1 + 301-2 + 301-3		324-1 + 324-2 + 324-3	346-1 + 346-2 + 346-3
302-1 + 302-2 + 302-3		325-1 + 325-2 + 325-3	347-1 + 347-2 + 347-3
303-1 + 303-2 + 303-3		326-1 + 326-2 + 326-3	348-1 + 348-2 + 348-3
304-1 + 304-2 + 304-3		327-1 + 327-2 + 327-3	349-1 + 349-2 + 349-3
305-1 + 305-2 + 305-3		328-1 + 328-2 + 328-3	350-1 + 350-2 + 350-3
306-1 + 306-2 + 306-3		329-1 + 329-2 + 329-3	351-1 + 351-2 + 351-3
307-1 + 307-2 + 307-3		330-1 + 330-2 + 330-3	352-1 + 352-2 + 352-3
308-1 + 308-2 + 308-3		331-1 + 331-2 + 331-3	353-1 + 353-2 + 353-3
309-1 + 309-2 + 309-3		332-1 + 332-2 + 332-3	354-1 + 354-2 + 354-3
310-1 + 310-2 + 310-3		333-1 + 333-2 + 333-3	355-1 + 355-2 + 355-3
311-1 + 311-2 + 311-3		334-1 + 334-2 + 334-3	356-1 + 356-2 + 356-3
312-1 + 312-2 + 312-3		335-1 + 335-2 + 335-3	357-1 + 357-2 + 357-3
313-1 + 313-2 + 313-3		336-1 + 336-2 + 336-3	358-1 + 358-2 + 358-3
314-1 + 314-2 + 314-3		337-1 + 337-2 + 337-3	359-1 + 359-2 + 359-3
315-1 + 315-2 + 315-3		338-1 + 338-2 + 338-3	360-1 + 360-2 + 360-3
316-1 + 316-2 + 316-3		339-1 + 339-2 + 339-3	361-1 + 361-2 + 361-3
317-1 + 317-2 + 317-3		340-1 + 340-2 + 340-3	362-1 + 362-2 + 362-3
318-1 + 318-2 + 318-3		341-1 + 341-2 + 341-3	363-1 + 363-2 + 363-3
319-1 + 319-2 + 319-3		342-1 + 342-2 + 342-3	364-1 + 364-2 + 364-3
320-1 + 320-2 + 320-3		343-1 + 343-2 + 343-3	365-1 + 365-2 + 365-3
321-1 + 321-2 + 321-3		344-1 + 344-2 + 344-3	366-1 + 366-2 + 366-3
322-1 + 322-2 + 322-3		345-1 + 345-2 + 345-3	367-1 + 367-2 + 367-3
323-1 + 323-2 + 323-3			

DT24E			1964-1965			LHB
671	689	697	707	716	729	
673	690	698	709	718	732	
678	691	699	710	721	744	
679	695	704	714	725	745	
680	696	705	715	726	746	
681						

DT25E			1966			LHB
751	758	765	772	779	786	
752	759	766	773	780	787	
753	760	767	774	781	788 (s)	
754	761	768	775	782 (s)	789	
755	762	769	776	783	790	
756	763 (s)	770	777	784	791 (s)	
757	764	771 (s)	778	785		

DT31E			1968-1969			LHB
801	805	809	812	816	819	
802	807	810	814	817	820	
803	808	811	815	818	821	
804						

Hamburg (cont)

DT32E — 1969 — LHB

822	829	834	840	846	854
824	830	835	841	847	855
825	831	836	842	848	856
826	832	837	844	849	857
828	833	838	845	853	858

DT33E — 1969-1970 — LHB

862	865	871	873	876	905
863	868	872	875	891	910
864					

DT3LZB — 1971 — LHB

921	922	923	924	925	926

S-Bahn — 2007 — Alstom

4101	4109	4117	4125	4132	4139
4102	4110	4118	4126	4133	4140
4103	4111	4119	4127	4134	4141
4104	4112	4120	4128	4135	4142
4105	4113	4121	4129	4136	4143
4106	4114	4122	4130	4137	4144
4107	4115	4123	4131	4138	4145
4108	4116	4124			

Historic Metro Cars

8762 [392] TU2 | 8838 [324] TU1

Hamburg (cont)

Works and Special Cars

DL12		1965			KHD
006	007				
DL2		**1973**			**Gmeinder**
008	009				
AL1		**1992-1995**			**Gmeinder**
010 011	012	013	014	015	016
MT1		**1969-1970**			**Solingen**
021					
MT2		**1989**			**Schalke**
022	023				
HT2		**1967**			**WMD**
024					
AT4/5/6		**1959**			**Uerdingen**
025	026	027	028		
LB4		**1962**			**Eigenbau**
041	042				
LB5		**1975**			**Gmeinder**
044	045	046			
MB1		**1959**			**Duewag**
051	052				
KB2		**1975**			**Gmeinder**
055	056				
KB3		**1987**			**Rotax**
057					
SB3		**1964**			**Schor**
061					
PB1		**1961**			**Eigenbau**
063					
GT1		**1988**			**Schalke**
065					
LB6		**1995**			**FEW / DB**
071 072 073	074 075	076 077	078 079	080 081	082 083
DT1		**1959**			**Uerdingen**
516					

Helsinki 16.9km 1524mm HKL/HST

Type M100 — 2 Car Unit

101	115	129	143	157	171
102	116	130	144	158	172
103	117	131	145	159	173
104	118	132	146	160	174
105	119	133	147	161	175
106	120	134	148	162	176
107	121	135	149	163	177
108	122	136	150	164	178
109	123	137	151	165	179
110	124	138	152	166	180
111	125	139	153	167	181
112	126	140	154	168	182
113	127	141	155	169	183
114	128	142	156	170	184

Type M200 — 2 Car Unit

201	206	211	216	221	225
202	207	212	217	222	226
203	208	213	218	223	227
204	209	214	219	224	228
205	210	215	220		

Izmir 50km 1435mm UKOME/TCDD

Type MD 1999-2000 Adtranz/Bombardier 3 Car Units MD+M+MD

MD 501	MD 506	MD 511	MD 516	MD 521	MD 526
MD 502	MD 507	MD 512	MD 517	MD 522	MD 527
MD 503	MD 508	MD 513	MD 518	MD 523	MD 528
MD 504	MD 509	MD 514	MD 519	MD 524	MD 529
MD 505	MD 510	MD 515	MD 520	MD 525	MD 530

Type M 1999-2000 Adtranz/Bombardier 3 Car Units MD+M+MD

M 531	M 534	M 537	M 540	M 542	M 544
M 532	M 535	M 538	M 541	M 543	M 545
M 533	M 536	M 539			

Lille 45.2km Rubber Tyre Transpole

Fully automated driverless system (VAL)

VAL 206 & 208

01	H01	P01	15	H15	P15	29	H29	P29	43	H43	P43	57	H57	P57
02	H02	P02	16	H16	P16	30	H30	P30	44	H44	P44	58	H58	P58
03	H03	P03	17	H17	P17	31	H31	P31	45	H45	P45	59	H59	P59
04	H04	P04	18	H18	P18	32	H32	P32	46	H46	P46	60	H60	P60
05	H05	P05	19	H19	P19	33	H33	P33	47	H47	P47	61	H61	P61
06	H06	P06	20	H20	P20	34	H34	P34	48	H48	P48	62	H62	P62
07	H07	P07	21	H21	P21	35	H35	P35	49	H49	P49	63	H63	P63
08	H08	P08	22	H22	P22	36	H36	P36	50	H50	P50	64	H64	P64
09	H09	P09	23	H23	P23	37	H37	P37	51	H51	P51	65	H65	P65
10	H10	P10	24	H24	P24	38	H38	P38	52	H52	P52	66	H66	P66
11	H11	P11	25	H25	P25	39	H39	P39	53	H53	P53	67	H67	P67
12	H12	P12	26	H26	P26	40	H40	P40	54	H54	P54	68	H68	P68
13	H13	P13	27	H27	P27	41	H41	P41	55	H55	P55	69	H69	P69
14	H14	P14	28	H28	P28	42	H42	P42	56	H56	P56	70	H70	P70

Lille (cont)

VAL 206 & 208 (cont)

71	H71	P71	86	H86	P86	101	H101	P101	116	H116	P116	130	H130	P130
72	H72	P72	87	H87	P87	102	H102	P102	117	H117	P117	131	H131	P131
73	H73	P73	88	H88	P88	103	H103	P103	118	H118	P118	132	H132	P132
74	H74	P74	89	H89	P89	104	H104	P104	119	H119	P119	133	H133	P133
75	H75	P75	90	H90	P90	105	H105	P105	120	H120	P120	134	H134	P134
76	H76	P76	91	H91	P91	106	H106	P106	121	H121	P121	135	H135	P135
77	H77	P77	92	H92	P92	107	H107	P107	122	H122	P122	136	H136	P136
78	H78	P78	93	H93	P93	108	H108	P108	123	H123	P123	137	H137	P137
79	H79	P79	94	H94	P94	109	H109	P109	124	H124	P124	138	H138	P138
80	H80	P80	95	H95	P95	110	H110	P110	125	H125	P125	139	H139	P139
81	H81	P81	96	H96	P96	111	H111	P111	126	H126	P126	140	H140	P140
82	H82	P82	97	H97	P97	112	H112	P112	127	H127	P127	141	H141	P141
83	H83	P83	98	H98	P98	113	H113	P113	128	H128	P128	142	H142	P142
84	H84	P84	99	H99	P99	114	H114	P114	129	H129	P129	143	H143	P143
85	H85	P85	100	H100	P100	115	H115	P115						

Lisbon   19km   1435mm   ML

Car Types ML7/ML79/ML90

Class A Cars   1959

A1	A5	A11	A16	A19	A22	
A2	A7	A13	A17	A20	A23	
A3	A8	A14	A18	A21	A24	
A4	A10	A15				

Class A Cars   1959

A25	A28	A31	A33	A35	A37
A26	A29	A32	A34	A36	A38
A27	A30				

Class A Cars   1972   Sorefame

A39	A50	A56	A62	A73	A79
A40	A51	A57	A63	A74	A80
A41	A52	A58	A69	A75	A81
A42	A53	A59	A70	A76	A82
A43	A54	A60	A71	A77	A83
A49	A55	A61	A72	A78	A84

Class M100 2 Car Unit   1982   Sorefame

M101	M111	M121	M130	M139	M148
M102	M112	M122	M131	M140	M149
M103	M113	M123	M132	M141	M150
M104	M114	M124	M133	M142	M151
M105	M115	M125	M134	M143	M152
M106	M116	M126	M135	M144	M153
M107	M117	M127	M136	M145	M154
M108	M118	M128	M137	M146	M155
M109	M119	M129	M138	M147	M156
M110	M120				

Lisbon (cont)

Class M200 — 3 Car Unit — Sorefame

M201	M211	M221	M231	M241	M251	
M202	M212	M222	M232	M242	M252	
M203	M213	M223	M233	M243	M253	
M204	M214	M224	M234	M244	M254	
M205	M215	M225	M235	M245	M255	
M206	M216	M226	M236	M246	M256	
M207	M217	M227	M237	M247	M257	
M208	M218	M228	M238	M248	M258	
M209	M219	M229	M239	M249	M259	
M210	M220	M230	M240	M250	M260	

Class M300 — 3 Car Unit — Sorefame

M301	M318	M335	M352	M368	M384
M302	M319	M336	M353	M369	M385
M303	M320	M337	M354	M370	M386
M304	M321	M338	M355	M371	M387
M305	M322	M339	M356	M372	M388
M306	M323	M340	M357	M373	M389
M307	M324	M341	M358	M374	M390
M308	M325	M342	M359	M375	M391
M309	M326	M343	M360	M376	M392
M310	M327	M344	M361	M377	M393
M311	M328	M345	M362	M378	M394
M312	M329	M346	M363	M379	M395
M313	M330	M347	M364	M380	M396
M314	M331	M348	M365	M381	M397
M315	M332	M349	M366	M382	M398
M316	M333	M350	M367	M383	M399
M317	M334	M351			

Class M400 — 3 Car Unit — Sorefame

M400	M417	M434	M451	M468	M484
M401	M418	M435	M452	M469	M485
M402	M419	M436	M453	M470	M486
M403	M420	M437	M454	M471	M487
M404	M421	M438	M455	M472	M488
M405	M422	M439	M456	M473	M489
M406	M423	M440	M457	M474	M490
M407	M424	M441	M458	M475	M491
M408	M425	M442	M459	M476	M492
M409	M426	M443	M460	M477	M493
M410	M427	M444	M461	M478	M494
M411	M428	M445	M462	M479	M495
M412	M429	M446	M463	M480	M496
M413	M430	M447	M464	M481	M497
M414	M431	M448	M465	M482	M498
M415	M432	M449	M466	M483	M499
M416	M433	M450	M467		

Lisbon (cont)

Class M500			3 Car Unit			Sorefame
M500	M517	M534	M551	M568		M584
M501	M518	M535	M552	M569		M585
M502	M519	M536	M553	M570		M586
M503	M520	M537	M554	M571		M587
M504	M521	M538	M555	M572		M588
M505	M522	M539	M556	M573		M589
M506	M523	M540	M557	M574		M590
M507	M524	M541	M558	M575		M591
M508	M525	M542	M559	M576		M592
M509	M526	M543	M560	M577		M593
M510	M527	M544	M561	M578		M594
M511	M528	M545	M562	M579		M595
M512	M529	M546	M563	M580		M596
M513	M530	M547	M564	M581		M597
M514	M531	M548	M565	M582		M598
M515	M532	M549	M566	M583		M599
M516	M533	M550	M567			

Class M600			3 Car Unit			Sorefame
M600	M609	M617	M625	M633		M641
M601	M610	M618	M626	M634		M642
M602	M611	M619	M627	M635		M643
M603	M612	M620	M628	M636		M644
M604	M613	M621	M629	M637		M645
M605	M614	M622	M630	M638		M646
M606	M615	M623	M631	M639		M647
M607	M616	M624	M632	M640		M648
M608						

London (UK)		392km 1435mm	LUL
Piccadilly Line			
1973 Tube Stock	Metro-Cammell		DM+T+UNDM
100 + 500 + 300	139 + 539 + 339	178 + 578 + 378	216 + 616 + 416
101 + 501 + 301	140 + 540 + 340	179 + 579 + 379	217 + 617 + 417
102 + 502 + 302	141 + 541 + 341	180 + 580 + 380	218 + 618 + 418
103 + 503 + 303	142 + 542 + 342	181 + 581 + 381	219 + 619 + 419
104 + 504 + 304	143 + 543 + 343	182 + 582 + 382	220 + 620 + 420
105 + 505 + 305	144 + 544 + 344	183 + 583 + 383	221 + 621 + 421
106 + 506 + 306	145 + 545 + 345	184 + 584 + 384	222 + 622 + 422
107 + 507 + 307	146 + 546 + 346	185 + 585 + 385	223 + 623 + 423
108 + 508 + 308	147 + 547 + 347	186 + 586 + 386	224 + 624 + 424
109 + 509 + 309	148 + 548 + 348	187 + 587 + 387	225 + 625 + 425
110 + 510 + 310	149 + 549 + 349	188 + 588 + 388	226 + 626 + 426
111 + 511 + 311	150 + 550 + 350	189 + 589 + 389	227 + 627 + 427
112 + 512 + 312	151 + 551 + 351	190 + 590 + 390	228 + 628 + 428
113 + 513 + 313	152 + 552 + 352	191 + 591 + 391	229 + 629 + 429
114 + 514 + 314	153 + 553 + 353	192 + 592 + 392	230 + 630 + 430
115 + 515 + 315	154 + 554 + 354	193 + 593 + 393	231 + 631 + 431
116 + 516 + 316	155 + 555 + 355	194 + 594 + 394	232 + 632 + 432
117 + 517 + 317	156 + 556 + 356	195 + 595 + 395	233 + 633 + 433
118 + 518 + 318	157 + 557 + 357	196 + 596 + 396	234 + 634 + 434
119 + 519 + 319	158 + 558 + 358	197 + 597 + 397	235 + 635 + 435
120 + 520 + 320	159 + 559 + 359	198 + 598 + 398	236 + 636 + 436
121 + 521 + 321	160 + 560 + 360	199 + 599 + 399	237 + 637 + 437
122 + 522 + 322	161 + 561 + 361	200 + 600 + 400	238 + 638 + 438
123 + 523 + 323	162 + 562 + 362	201 + 601 + 401	239 + 639 + 439
124 + 524 + 324	163 + 563 + 363	202 + 602 + 402	240 + 640 + 440
125 + 525 + 325	164 + 564 + 364	203 + 603 + 403	241 + 641 + 441
126 + 526 + 326	165 + 565 + 365	204 + 604 + 404	242 + 642 + 442
127 + 527 + 327	166 + 566 + 366	205 + 605 + 405	243 + 643 + 443
128 + 528 + 328	167 + 567 + 367	206 + 606 + 406	244 + 644 + 444
129 + 529 + 329	168 + 568 + 368	207 + 607 + 407	245 + 645 + 445
130 + 530 + 330	169 + 569 + 369	208 + 608 + 408	246 + 646 + 446
131 + 531 + 331	170 + 570 + 370	209 + 609 + 409	247 + 647 + 447
132 + 532 + 332	171 + 571 + 371	210 + 610 + 410	248 + 648 + 448
133 + 533 + 333	172 + 572 + 372	211 + 611 + 411	249 + 649 + 449
134 + 534 + 334	173 + 573 + 373	212 + 612 + 412	250 + 650 + 450
135 + 535 + 335	174 + 574 + 374	213 + 613 + 413	251 + 651 + 451
136 + 536 + 336	175 + 575 + 375	214 + 614 + 414	252 + 652 + 452
137 + 537 + 337	176 + 576 + 376	215 + 615 + 415	253 + 653 + 453
138 + 538 + 338	177 + 577 + 377		
1973 Tube Stock	Metro-Cammell		DM+T+DM
854 + 654 + 855	866 + 666 + 867	876 + 676 + 877	886 + 686 + 887
856 + 656 + 857	868 + 668 + 869	878 + 678 + 879	890 + 690 + 891
858 + 658 + 859	870 + 670 + 871	880 + 680 + 881	892 + 692 + 893
860 + 660 + 861	872 + 672 + 873	882 + 682 + 883	894 + 694 + 895
862 + 662 + 863	874 + 674 + 875	884 + 684 + 885	896 + 606 + 097
864 + 664 + 865			

London (cont)

Victoria Line

1967/72 Tube Stock	Metro-Cammell	DM+T+T+DM
3001 + 4001 + 4101 + 3101	3030 + 4030 + 4130 + 3130	3059 + 4059 + 4159 + 3159
3002 + 4002 + 4102 + 3102	3031 + 4031 + 4131 + 3131	3060 + 4060 + 4160 + 3160
3003 + 4003 + 4103 + 3103	3032 + 4032 + 4132 + 3132	3061 + 4061 + 4161 + 3161
3004 + 4004 + 4104 + 3104	3033 + 4033 + 4133 + 3133	3062 + 4062 + 4162 + 3162
3005 + 4005 + 4105 + 3105	3034 + 4034 + 4134 + 3134	3063 + 4063 + 4163 + 3163
3006 + 4006 + 4106 + 3106	3035 + 4035 + 4135 + 3135	3064 + 4064 + 4164 + 3164
3007 + 4007 + 4107 + 3107	3036 + 4036 + 4136 + 3136	3065 + 4065 + 4165 + 3165
3008 + 4008 + 4108 + 3108	3037 + 4037 + 4137 + 3137	3066 + 4066 + 4166 + 3166
3009 + 4009 + 4109 + 3109	3038 + 4038 + 4138 + 3138	3067 + 4067 + 4167 + 3167
3010 + 4010 + 4110 + 3110	3039 + 4039 + 4139 + 3139	3068 + 4068 + 4168 + 3168
3011 + 4011 + 4111 + 3111	3040 + 4040 + 4140 + 3140	3069 + 4069 + 4169 + 3169
3012 + 4012 + 4112 + 3112	3041 + 4041 + 4141 + 3141	3070 + 4070 + 4170 + 3170
3013 + 4013 + 4113 + 3113	3042 + 4042 + 4142 + 3142	3071 + 4071 + 4171 + 3171
3014 + 4014 + 4114 + 3114	3043 + 4043 + 4143 + 3143	3072 + 4072 + 4172 + 3172
3015 + 4015 + 4115 + 3115	3044 + 4044 + 4144 + 3144	3073 + 4073 + 4173 + 3173
3016 + 4016 + 4116 + 3116	3045 + 4045 + 4145 + 3145	3074 + 4074 + 4174 + 3174
3017 + 4017 + 4117 + 3117	3046 + 4046 + 4146 + 3146	3075 + 4075 + 4175 + 3175
3018 + 4018 + 4118 + 3118	3047 + 4047 + 4147 + 3147	3076 + 4076 + 4176 + 3176
3019 + 4019 + 4119 + 3119	3048 + 4048 + 4148 + 3148	3077 + 4077 + 4177 + 3177
3020 + 4020 + 4120 + 3120	3049 + 4049 + 4149 + 3149	3078 + 4078 + 4178 + 3178
3021 + 4021 + 4121 + 3121	3050 + 4050 + 4150 + 3150	3079 + 4079 + 4179 + 3179
3022 + 4022 + 4122 + 3122	3051 + 4051 + 4151 + 3151	3080 + 4080 + 4180 + 3180
3023 + 4023 + 4123 + 3123	3052 + 4052 + 4152 + 3152	3081 + 4081 + 4181 + 3181
3024 + 4024 + 4124 + 3124	3053 + 4053 + 4153 + 3153	3082 + 4082 + 4182 + 3182
3025 + 4025 + 4125 + 3125	3054 + 4054 + 4154 + 3154	3083 + 4083 + 4183 + 3183
3026 + 4026 + 4126 + 3126	3055 + 4055 + 4155 + 3155	3084 + 4084 + 4184 + 3184
3027 + 4027 + 4127 + 3127	3056 + 4056 + 4156 + 3156	3085 + 4085 + 4185 + 3185
3028 + 4028 + 4128 + 3128	3057 + 4057 + 4157 + 3157	3086 + 4086 + 4186 + 3186
3029 + 4029 + 4129 + 3129	3058 + 4058 + 4158 + 3158	

Bakerloo Line

1967/72 Tube Stock	Metro-Cammell	DM+T+T+DM
3231 + 4231 + 4331 + 3331	3243 + 4243 + 4343 + 3343	3256 + 4256 + 4356 + 3356
3232 + 4232 + 4332 + 3332	3244 + 4244 + 4344 + 3344	3258 + 4258 + 4358 + 3358
3233 + 4233 + 4333 + 3333	3245 + 4245 + 4345 + 3345	3259 + 4259 + 4359 + 3359
3234 + 4234 + 4334 + 3334	3246 + 4246 + 4346 + 3346	3260 + 4260 + 4360 + 3360
3235 + 4235 + 4335 + 3335	3247 + 4247 + 4347 + 3347	3261 + 4261 + 4361 + 3361
3236 + 4236 + 4336 + 3336	3248 + 4248 + 4348 + 3348	3262 + 4262 + 4362 + 3362
3237 + 4237 + 4337 + 3337	3250 + 4250 + 4350 + 3350	3263 + 4263 + 4363 + 3363
3238 + 4238 + 4338 + 3338	3251 + 4251 + 4351 + 3351	3264 + 4264 + 4364 + 3364
3239 + 4239 + 4339 + 3339	3252 + 4252 + 4352 + 3352	3265 + 4265 + 4365 + 3365
3240 + 4240 + 4340 + 3340	3253 + 4253 + 4353 + 3353	3266 + 4266 + 4366 + 3366
3241 + 4241 + 4341 + 3341	3254 + 4254 + 4354 + 3354	3267 + 4267 + 4367 + 3367
3242 + 4242 + 4342 + 3342	3255 + 4255 + 4355 + 3355	3299 + 4299 + 4399 + 3300

1972 Tube Stock		Metro-Cammell		DM+T+DM
3431 + 4531 + 3531		3435 + 4535 + 3535	3439 + 4539 + 3539	3443 + 4543 + 3543
3432 + 4532 + 3532		3436 + 4536 + 3536	3440 + 4540 + 3540	3444 + 4544 + 3544
3433 + 4533 + 3533		3437 + 4537 + 3537	3441 + 4541 + 3541	3445 + 4545 + 3545
3434 + 4534 + 3534		3438 + 4538 + 3538	3442 + 4542 + 3542	3446 + 4546 + 3546

London (cont)

Bakerloo 1972 Tube Stock (cont)

3447 + 4547 + 3547	3453 + 4553 + 3553	3458 + 4558 + 3558	3463 + 4563 + 3563
3448 + 4548 + 3548	3454 + 4554 + 3554	3459 + 4559 + 3559	3464 + 4564 + 3564
3449 + 4549 + 3549	3455 + 4555 + 3555	3460 + 4560 + 3560	3465 + 4565 + 3565
3450 + 4550 + 3550	3456 + 4556 + 3556	3461 + 4561 + 3561	3466 + 4566 + 3566
3451 + 4551 + 3551	3457 + 4557 + 3557	3462 + 4562 + 3562	3467 + 4567 + 3567
3452 + 4552 + 3552			

Metropolitan Line

A60/62 Tube Stock 1959-61   Cravens   DM+T+T+DM

5000 + 6000 + 6001 + 5001	5078 + 6078 + 6079 + 5079	5174 + 6174 + 6175 + 5175
5002 + 6002 + 6003 + 5003	5080 + 6080 + 6081 + 5081	5176 + 6176 + 6177 + 5177
5004 + 6004 + 6005 + 5005	5082 + 6082 + 6083 + 5083	5178 + 6178 + 6179 + 5179
5006 + 6006 + 6007 + 5007	5084 + 6084 + 6085 + 5085	5180 + 6180 + 6181 + 5181
5010 + 6010 + 6011 + 5011	5086 + 6086 + 6087 + 5087	5182 + 6182 + 6183 + 5183
5012 + 6012 + 6013 + 5013	5124 + 6124 + 6125 + 5125	5184 + 6184 + 6185 + 5185
5014 + 6014 + 6015 + 5015	5126 + 6126 + 6127 + 5127	5186 + 6186 + 6187 + 5187
5016 + 6016 + 6017 + 5017	5128 + 6128 + 6129 + 5129	5188 + 6188 + 6189 + 5189
5018 + 6018 + 6019 + 5019	5130 + 6130 + 6131 + 5131	5190 + 6190 + 6191 + 5191
5020 + 6020 + 6021 + 5021	5132 + 6132 + 6133 + 5133	5192 + 6192 + 6193 + 5193
5022 + 6022 + 6023 + 5023	5134 + 6134 + 6135 + 5135	5194 + 6194 + 6195 + 5195
5024 + 6024 + 6025 + 5025	5136 + 6136 + 6137 + 5137	5196 + 6196 + 6197 + 5197
5026 + 6026 + 6027 + 5027	5138 + 6138 + 6139 + 5139	5198 + 6198 + 6199 + 5199
5030 + 6030 + 6031 + 5031	5140 + 6140 + 6141 + 5141	5200 + 6200 + 6201 + 5201
5032 + 6032 + 6033 + 5033	5142 + 6142 + 6143 + 5143	5202 + 6202 + 6203 + 5203
5034 + 6034 + 6035 + 5035	5144 + 6144 + 6145 + 5145	5204 + 6204 + 6205 + 5205
5038 + 6038 + 6039 + 5039	5146 + 6146 + 6147 + 5147	5206 + 6206 + 6207 + 5207
5040 + 6040 + 6041 + 5041	5148 + 6148 + 6149 + 5149	5208 + 6208 + 6209 + 5209
5042 + 6042 + 6043 + 5043	5150 + 6150 + 6151 + 5151	5210 + 6210 + 6211 + 5211
5044 + 6044 + 6045 + 5045	5152 + 6152 + 6153 + 5153	5212 + 6212 + 6213 + 5213
5046 + 6046 + 6047 + 5047	5154 + 6154 + 6155 + 5155	5214 + 6214 + 6215 + 5215
5048 + 6048 + 6049 + 5049	5156 + 6156 + 6157 + 5157	5216 + 6216 + 6217 + 5217
5050 + 6050 + 6051 + 5051	5158 + 6158 + 6159 + 5159	5218 + 6218 + 6219 + 5219
5052 + 6052 + 6053 + 5053	5160 + 6160 + 6161 + 5161	5220 + 6220 + 6221 + 5221
5054 + 6054 + 6055 + 5055	5162 + 6162 + 6163 + 5163	5222 + 6222 + 6223 + 5223
5068 + 6068 + 6069 + 5069	5164 + 6164 + 6165 + 5165	5224 + 6224 + 6225 + 5225
5070 + 6070 + 6071 + 5071	5166 + 6166 + 6167 + 5167	5226 + 6226 + 6227 + 5227
5072 + 6072 + 6073 + 5073	5168 + 6168 + 6169 + 5169	5228 + 6228 + 6229 + 5229
5074 + 6074 + 6075 + 5075	5170 + 6170 + 6171 + 5171	5230 + 6230 + 6231 + 5231
5076 + 6076 + 6077 + 5077	5172 + 6172 + 6173 + 5173	

A62 Tube Stock 1961-63   Cravens   DM+T+T+DM

5056 + 6056 + 6057 + 5057	5094 + 6094 + 6095 + 5095	5112 + 6112 + 6113 + 5113
5058 + 6058 + 6059 + 5059	5096 + 6096 + 6097 + 5097	5114 + 6114 + 6115 + 5115
5060 + 6060 + 6061 + 5061	5098 + 6098 + 6099 + 5099	5116 + 6116 + 6117 + 5117
5062 + 6062 + 6063 + 5063	5100 + 6100 + 6101 + 5101	5118 + 6118 + 6119 + 5119
5064 + 6064 + 6065 + 5065	5102 + 6102 + 6103 + 5103	5120 + 6120 + 6121 + 5121
5066 + 6066 + 6067 + 5067	5104 + 6104 + 6105 + 5105	5122 + 6122 + 6123 + 5123
5088 + 6088 + 6089 + 5089	5106 + 6106 + 6107 + 5107	5232 + 6232 + 6233 + 5233
5090 + 6090 + 6091 + 5091	5108 + 6108 + 6109 + 5109	5234 + 6234 + 6235 + 5235
5092 + 6092 + 6093 + 5093	5110 + 6110 + 6111 + 5111	

London (cont)

S Tube Stock 2010 — DM+T+T+DM

21099 + 22099 + 23099 + 24099 | 21100 + 22100 + 23100 + 24100

Hammersmith & City, Circle Line and District Line

C69 & C77 Tube Stock 1970-71   Metro-Cammell   DM+T

5501 + 6501	5530 + 6530	5558 + 6558	5586 + 6586	5707 + 6707
5502 + 6502	5531 + 6531	5559 + 6559	5587 + 6587	5708 + 6708
5503 + 6503	5532 + 6532	5560 + 6560	5588 + 6588	5709 + 6709
5504 + 6504	5533 + 6533	5561 + 6561	5589 + 6589	5710 + 6710
5506 + 6506	5534 + 6534	5562 + 6562	5590 + 6590	5711 + 6711
5507 + 6507	5535 + 6535	5563 + 6563	5591 + 6591	5712 + 6712
5508 + 6508	5536 + 6536	5564 + 6564	5592 + 6592	5714 + 6714
5509 + 6509	5537 + 6537	5565 + 6565	5593 + 6593	5715 + 6715
5510 + 6510	5538 + 6538	5566 + 6566	5594 + 6594	5716 + 6716
5511 + 6511	5539 + 6539	5567 + 6567	5595 + 6595	5717 + 6717
5512 + 6512	5540 + 6540	5568 + 6568	5596 + 6596	5718 + 6718
5513 + 6513	5541 + 6541	5569 + 6569	5597 + 6597	5719 + 6719
5514 + 6514	5542 + 6542	5570 + 6570	5598 + 6598	5720 + 6720
5515 + 6515	5543 + 6543	5571 + 6571	5599 + 6599	5721 + 6721
5516 + 6516	5544 + 6544	5572 + 6572	5600 + 6600	5722 + 6722
5517 + 6517	5545 + 6545	5573 + 6573	5601 + 6601	5723 + 6723
5518 + 6518	5546 + 6546	5574 + 6574	5602 + 6602	5724 + 6724
5519 + 6519	5547 + 6547	5575 + 6575	5603 + 6603	5725 + 6725
5520 + 6520	5548 + 6548	5576 + 6576	5604 + 6604	5726 + 6726
5521 + 6521	5549 + 6549	5577 + 6577	5605 + 6605	5727 + 6727
5522 + 6522	5550 + 6550	5578 + 6578	5606 + 6606	5728 + 6728
5523 + 6523	5551 + 6551	5579 + 6579	5701 + 6701	5729 + 6729
5524 + 6524	5552 + 6552	5580 + 6580	5702 + 6702	5730 + 6730
5525 + 6525	5553 + 6553	5581 + 6581	5703 + 6703	5731 + 6731
5526 + 6526	5554 + 6554	5582 + 6582	5704 + 6704	5732 + 6732
5527 + 6527	5555 + 6555	5583 + 6583	5705 + 6705	5733 + 6733
5528 + 6528	5556 + 6556	5584 + 6584	5706 + 6706	5734 + 6734
5529 + 6529	5557 + 6557	5585 + 6585		

District Line

D Tube Stock 1980-83   Metro-Cammell   DM+T+UNDM

7000 + 17000 + 8000	7016 + 17016 + 8016	7032 + 17032 + 8032	7048 + 17048 + 8048
7001 + 17001 + 8001	7017 + 17017 + 8017	7033 + 17033 + 8033	7049 + 17049 + 8049
7002 + 17002 + 8002	7018 + 17018 + 8018	7034 + 17034 + 8034	7050 + 17050 + 8050
7003 + 17003 + 8003	7019 + 17019 + 8019	7035 + 17035 + 8035	7051 + 17051 + 8051
7004 + 17004 + 8004	7020 + 17020 + 8020	7036 + 17036 + 8036	7052 + 17052 + 8052
7005 + 17005 + 8005	7021 + 17021 + 8021	7037 + 17037 + 8037	7053 + 17053 + 8053
7006 + 17006 + 8006	7022 + 17022 + 8022	7038 + 17038 + 8038	7054 + 17054 + 8054
7007 + 17007 + 8007	7023 + 17023 + 8023	7039 + 17039 + 8039	7055 + 17055 + 8055
7008 + 17008 + 8008	7024 + 17024 + 8024	7040 + 17040 + 8040	7056 + 17056 + 8056
7009 + 17009 + 8009	7025 + 17025 + 8025	7041 + 17041 + 8041	7057 + 17057 + 8057
7010 + 17010 + 8010	7026 + 17026 + 8026	7042 + 17042 + 8042	7058 + 17058 + 8058
7011 + 17011 + 8011	7027 + 17027 + 8027	7043 + 17043 + 8043	7059 + 17059 + 8059
7012 + 17012 + 8012	7028 + 17028 + 8028	7044 + 17044 + 8044	7060 + 17060 + 8060
7013 + 17013 + 8013	7029 + 17029 + 8029	7045 + 17045 + 8045	7061 + 17061 + 8061
7014 + 17014 + 8014	7030 + 17030 + 8030	7046 + 17046 + 8046	7062 + 17062 + 8062
7015 + 17015 + 8015	7031 + 17031 + 8031	7047 + 17047 + 8047	7063 + 17063 + 8063

London (cont)

District Line D Tube Stock (cont)

7064 + 17064 + 8064	7081 + 17081 + 8081	7098 + 17098 + 8098	7114 + 17114 + 8114
7065 + 17065 + 8065	7082 + 17082 + 8082	7099 + 17099 + 8099	7115 + 17115 + 8115
7066 + 17066 + 8066	7083 + 17083 + 8083	7100 + 17100 + 8100	7116 + 17116 + 8116
7067 + 17067 + 8067	7084 + 17084 + 8084	7101 + 17101 + 8101	7117 + 17117 + 8117
7068 + 17068 + 8068	7085 + 17085 + 8085	7102 + 17102 + 8102	7118 + 17118 + 8118
7069 + 17069 + 8069	7086 + 17086 + 8086	7103 + 17103 + 8103	7119 + 17119 + 8119
7070 + 17070 + 8070	7087 + 17087 + 8087	7104 + 17104 + 8104	7120 + 17120 + 8120
7071 + 17071 + 8071	7088 + 17088 + 8088	7105 + 17105 + 8105	7121 + 17121 + 8121
7072 + 17072 + 8072	7089 + 17089 + 8089	7106 + 17106 + 8106	7122 + 17122 + 8122
7073 + 17073 + 8073	7090 + 17090 + 8090	7107 + 17107 + 8107	7123 + 17123 + 8123
7074 + 17074 + 8074	7091 + 17091 + 8091	7108 + 17108 + 8108	7124 + 17124 + 8124
7075 + 17075 + 8075	7092 + 17092 + 8092	7109 + 17109 + 8109	7125 + 17125 + 8125
7076 + 17076 + 8076	7093 + 17093 + 8093	7110 + 17110 + 8110	7126 + 17126 + 8126
7077 + 17077 + 8077	7094 + 17094 + 8094	7111 + 17111 + 8111	7127 + 17127 + 8127
7078 + 17078 + 8078	7095 + 17095 + 8095	7112 + 17112 + 8112	7128 + 17128 + 8128
7079 + 17079 + 8079	7096 + 17096 + 8096	7113 + 17113 + 8113	7129 + 17129 + 8129
7080 + 17080 + 8080	7097 + 17097 + 8097		

D Tube Stock 1980-83   Metro-Cammell   DM+T+DM

7500 + 17500 + 7501	7510 + 17510 + 7511	7520 + 17520 + 7521	7530 + 17530 + 7531
7502 + 17502 + 7503	7512 + 17512 + 7513	7522 + 17522 + 7523	7532 + 17532 + 7533
7504 + 17504 + 7505	7514 + 17514 + 7515	7524 + 17524 + 7525	7534 + 17534 + 7535
7506 + 17506 + 7507	7516 + 17516 + 7517	7526 + 17526 + 7527	7536 + 17536 + 7537
7508 + 17508 + 7509	7518 + 17518 + 7519	7528 + 17528 + 7529	7538 + 17538 + 7539

Victoria Line

2010 Tube Stock   Bombardier   DM+T+T+UNDM

11001 + 12001 + 13001 + 14001	11026 + 12026 + 13026 + 14026	11051 + 12051 + 13051 + 14051
11002 + 12002 + 13002 + 14002	11027 + 12027 + 13027 + 14027	11052 + 12052 + 13052 + 14052
11003 + 12003 + 13003 + 14003	11028 + 12028 + 13028 + 14028	11053 + 12053 + 13053 + 14053
11004 + 12004 + 13004 + 14004	11029 + 12029 + 13029 + 14029	11054 + 12054 + 13054 + 14054
11005 + 12005 + 13005 + 14005	11030 + 12030 + 13030 + 14030	11055 + 12055 + 13055 + 14055
11006 + 12006 + 13006 + 14006	11031 + 12031 + 13031 + 14031	11056 + 12056 + 13056 + 14056
11007 + 12007 + 13007 + 14007	11032 + 12032 + 13032 + 14032	11057 + 12057 + 13057 + 14057
11008 + 12008 + 13008 + 14008	11033 + 12033 + 13033 + 14033	11058 + 12058 + 13058 + 14058
11009 + 12009 + 13009 + 14009	11034 + 12034 + 13034 + 14034	11059 + 12059 + 13059 + 14059
11010 + 12010 + 13010 + 14010	11035 + 12035 + 13035 + 14035	11060 + 12060 + 13060 + 14060
11011 + 12011 + 13011 + 14011	11036 + 12036 + 13036 + 14036	11061 + 12061 + 13061 + 14061
11012 + 12012 + 13012 + 14012	11037 + 12037 + 13037 + 14037	11062 + 12062 + 13062 + 14062
11013 + 12013 + 13013 + 14013	11038 + 12038 + 13038 + 14038	11063 + 12063 + 13063 + 14063
11014 + 12014 + 13014 + 14014	11039 + 12039 + 13039 + 14039	11064 + 12064 + 13064 + 14064
11015 + 12015 + 13015 + 14015	11040 + 12040 + 13040 + 14040	11065 + 12065 + 13065 + 14065
11016 + 12016 + 13016 + 14016	11041 + 12041 + 13041 + 14041	11066 + 12066 + 13066 + 14066
11017 + 12017 + 13017 + 14017	11042 + 12042 + 13042 + 14042	11067 + 12067 + 13067 + 14067
11018 + 12018 + 13018 + 14018	11043 + 12043 + 13043 + 14043	11068 + 12068 + 13068 + 14068
11019 + 12019 + 13019 + 14019	11044 + 12044 + 13044 + 14044	11069 + 12069 + 13069 + 14069
11020 + 12020 + 13020 + 14020	11045 + 12045 + 13045 + 14045	11070 + 12070 + 13070 + 14070
11021 + 12021 + 13021 + 14021	11046 + 12046 + 13046 + 14046	11071 + 12071 + 13071 + 14071
11022 + 12022 + 13022 + 14022	11047 + 12047 + 13047 + 14047	11072 + 12072 + 13072 + 14072
11023 + 12023 + 13023 + 14023	11048 + 12048 + 13048 + 14048	11073 + 12073 + 13073 + 14073
11024 + 12024 + 13024 + 14024	11049 + 12049 + 13049 + 14049	11074 + 12074 + 13074 + 14074
11025 + 12025 + 13025 + 14025	11050 + 12050 + 13050 + 14050	11075 + 12075 + 13075 + 14075

London (cont)

Victoria Line 2010 Tube Stock (cont)

11076 + 12076 + 13076 + 14076	11083 + 12083 + 13083 + 14083	11089 + 12089 + 13089 + 14089
11077 + 12077 + 13077 + 14077	11084 + 12084 + 13084 + 14084	11090 + 12090 + 13090 + 14090
11078 + 12078 + 13078 + 14078	11085 + 12085 + 13085 + 14085	11091 + 12091 + 13091 + 14091
11079 + 12079 + 13079 + 14079	11086 + 12086 + 13086 + 14086	11092 + 12092 + 13092 + 14092
11080 + 12080 + 13080 + 14080	11087 + 12087 + 13087 + 14087	11093 + 12093 + 13093 + 14093
11081 + 12081 + 13081 + 14081	11088 + 12088 + 13088 + 14088	11094 + 12094 + 13094 + 14094
11082 + 12082 + 13082 + 14082		

Northern Line

1995 Tube Stock	Alstom		DM+T+UNDM
51501 + 52501 + 53501	51543 + 52543 + 53543	51585 + 52585 + 53585	51627 + 52627 + 53627
51502 + 52502 + 53502	51544 + 52544 + 53544	51586 + 52586 + 53586	51628 + 52628 + 53628
51503 + 52503 + 53503	51545 + 52545 + 53545	51587 + 52587 + 53587	51629 + 52629 + 53629
51504 + 52504 + 53504	51546 + 52546 + 53546	51588 + 52588 + 53588	51630 + 52630 + 53630
51505 + 52505 + 53505	51547 + 52547 + 53547	51589 + 52589 + 53589	51631 + 52631 + 53631
51506 + 52506 + 53506	51548 + 52548 + 53548	51590 + 52590 + 53590	51632 + 52632 + 53632
51507 + 52507 + 53507	51549 + 52549 + 53549	51591 + 52591 + 53591	51633 + 52633 + 53633
51508 + 52508 + 53508	51550 + 52550 + 53550	51592 + 52592 + 53592	51634 + 52634 + 53634
51509 + 52509 + 53509	51551 + 52551 + 53551	51593 + 52593 + 53593	51635 + 52635 + 53635
51510 + 52510 + 53510	51552 + 52552 + 53552	51594 + 52594 + 53594	51636 + 52636 + 53636
51511 + 52511 + 53511	51553 + 52553 + 53553	51595 + 52595 + 53595	51637 + 52637 + 53637
51512 + 52512 + 53512	51554 + 52554 + 53554	51596 + 52596 + 53596	51638 + 52638 + 53638
51513 + 52513 + 53513	51555 + 52555 + 53555	51597 + 52597 + 53597	51639 + 52639 + 53639
51514 + 52514 + 53514	51556 + 52556 + 53556	51598 + 52598 + 53598	51640 + 52640 + 53640
51515 + 52515 + 53515	51557 + 52557 + 53557	51599 + 52599 + 53599	51641 + 52641 + 53641
51516 + 52516 + 53516	51558 + 52558 + 53558	51600 + 52600 + 53600	51642 + 52642 + 53642
51517 + 52517 + 53517	51559 + 52559 + 53559	51601 + 52601 + 53601	51643 + 52643 + 53643
51518 + 52518 + 53518	51560 + 52560 + 53560	51602 + 52602 + 53602	51644 + 52644 + 53644
51519 + 52519 + 53519	51561 + 52561 + 53561	51603 + 52603 + 53603	51645 + 52645 + 53645
51520 + 52520 + 53520	51562 + 52562 + 53562	51604 + 52604 + 53604	51646 + 52646 + 53646
51521 + 52521 + 53521	51563 + 52563 + 53563	51605 + 52605 + 53605	51647 + 52647 + 53647
51522 + 52522 + 53522	51564 + 52564 + 53564	51606 + 52606 + 53606	51648 + 52648 + 53648
51523 + 52523 + 53523	51565 + 52565 + 53565	51607 + 52607 + 53607	51649 + 52649 + 53649
51524 + 52524 + 53524	51566 + 52566 + 53566	51608 + 52608 + 53608	51650 + 52650 + 53650
51525 + 52525 + 53525	51567 + 52567 + 53567	51609 + 52609 + 53609	51651 + 52651 + 53651
51526 + 52526 + 53526	51568 + 52568 + 53568	51610 + 52610 + 53610	51652 + 52652 + 53652
51527 + 52527 + 53527	51569 + 52569 + 53569	51611 + 52611 + 53611	51653 + 52653 + 53653
51528 + 52528 + 53528	51570 + 52570 + 53570	51612 + 52612 + 53612	51654 + 52654 + 53654
51529 + 52529 + 53529	51571 + 52571 + 53571	51613 + 52613 + 53613	51655 + 52655 + 53655
51530 + 52530 + 53530	51572 + 52572 + 53572	51614 + 52614 + 53614	51656 + 52656 + 53656
51531 + 52531 + 53531	51573 + 52573 + 53573	51615 + 52615 + 53615	51657 + 52657 + 53657
51532 + 52532 + 53532	51574 + 52574 + 53574	51616 + 52616 + 53616	51658 + 52658 + 53658
51533 + 52533 + 53533	51575 + 52575 + 53575	51617 + 52617 + 53617	51659 + 52659 + 53659
51534 + 52534 + 53534	51576 + 52576 + 53576	51618 + 52618 + 53618	51660 + 52660 + 53660
51535 + 52535 + 53535	51577 + 52577 + 53577	51619 + 52619 + 53619	51661 + 52661 + 53661
51536 + 52536 + 53536	51578 + 52578 + 53578	51620 + 52620 + 53620	51662 + 52662 + 53662
51537 + 52537 + 53537	51579 + 52579 + 53579	51621 + 52621 + 53621	51663 + 52663 + 53663
51538 + 52538 + 53538	51580 + 52580 + 53580	51622 + 52622 + 53622	51664 + 52664 + 53664
51539 + 52539 + 53539	51581 + 52581 + 53581	51623 + 52623 + 53623	51665 + 52665 + 53665
51540 + 52540 + 53540	51582 + 52582 + 53582	51624 + 52624 + 53624	51666 + 52666 + 53666
51541 + 52541 + 53541	51583 + 52583 + 53583	51625 + 52625 + 53625	51667 + 52667 + 53667
51542 + 52542 + 53542	51584 + 52584 + 53584	51626 + 52626 + 53626	51668 + 52668 + 53668

London (cont)

Northern Line 1995 Tube Stock

51669 + 52669 + 53669	51674 + 52674 + 53674	51679 + 52679 + 53679	51683 + 52683 + 53683
51670 + 52670 + 53670	51675 + 52675 + 53675	51680 + 52680 + 53680	51684 + 52684 + 53684
51671 + 52671 + 53671	51676 + 52676 + 53676	51681 + 52681 + 53681	51685 + 52685 + 53685
51672 + 52672 + 53672	51677 + 52677 + 53677	51682 + 52682 + 53682	51686 + 52686 + 53686
51673 + 52673 + 53673	51678 + 52678 + 53678		

1995 Tube Stock De-icing Units Alstom — DM+T+UNDM

51701 + 52701 + 53701	51708 + 52708 + 53708	51715 + 52715 + 53715	51721 + 52721 + 53721
51702 + 52702 + 53702	51709 + 52709 + 53709	51716 + 52716 + 53716	51722 + 52722 + 53722
51703 + 52703 + 53703	51710 + 52710 + 53710	51717 + 52717 + 53717	51723 + 52723 + 53723
51704 + 52704 + 53704	51711 + 52711 + 53711	51718 + 52718 + 53718	51724 + 52724 + 53724
51705 + 52705 + 53705	51712 + 52712 + 53712	51719 + 52719 + 53719	51725 + 52725 + 53725
51706 + 52706 + 53706	51713 + 52713 + 53713	51720 + 52720 + 53720	51726 + 52726 + 53726
51707 + 52707 + 53707	51714 + 52714 + 53714		

Waterloo & City

1992 Tube Stock — BREL Derby — DM+NDM

65501 + 67501	65503 + 67503	65505 + 67505	65507 + 67507	65509 + 67509
65502 + 67502	65504 + 67504	65506 + 67506	65508 + 67508	65510 + 67510

Central Line

1992 Tube Stock — BREL Derby — DM+NDM

91001 + 92001	91059 + 92059	91117 + 92117	91175 + 92175	91233 + 92233
91003 + 92003	91061 + 92061	91119 + 92119	91177 + 92177	91235 + 92235
91005 + 92005	91063 + 92063	91121 + 92121	91179 + 92179	91237 + 92237
91007 + 92007	91065 + 92065	91123 + 92123	91181 + 92181	91239 + 92239
91009 + 92009	91067 + 92067	91125 + 92125	91183 + 92183	91241 + 92241
91011 + 92011	91069 + 92069	91127 + 92127	91185 + 92185	91243 + 92243
91013 + 92013	91071 + 92071	91129 + 92129	91187 + 92187	91245 + 92245
91015 + 92015	91073 + 92073	91131 + 92131	91189 + 92189	91247 + 92247
91017 + 92017	91075 + 92075	91133 + 92133	91191 + 92191	91249 + 92249
91019 + 92019	91077 + 92077	91135 + 92135	91193 + 92193	91251 + 92251
91021 + 92021	91079 + 92079	91137 + 92137	91195 + 92195	91253 + 92253
91023 + 92023	91081 + 92081	91139 + 92139	91197 + 92197	91255 + 92255
91025 + 92025	91083 + 92083	91141 + 92141	91199 + 92199	91257 + 92257
91027 + 92027	91085 + 92085	91143 + 92143	91201 + 92201	91259 + 92259
91029 + 92029	91087 + 92087	91145 + 92145	91203 + 92203	91261 + 92261
91031 + 92031	91089 + 92089	91147 + 92147	91205 + 92205	91263 + 92263
91033 + 92033	91091 + 92091	91149 + 92149	91207 + 92207	91265 + 92265
91035 + 92035	91093 + 92093	91151 + 92151	91209 + 92209	91267 + 92267
91037 + 92037	91095 + 92095	91153 + 92153	91211 + 92211	91269 + 92269
91039 + 92039	91097 + 92097	91155 + 92155	91213 + 92213	91271 + 92271
91041 + 92041	91099 + 92099	91157 + 92157	91215 + 92215	91273 + 92273
91043 + 92043	91101 + 92101	91159 + 92159	91217 + 92217	91275 + 92275
91045 + 92045	91103 + 92103	91161 + 92161	91219 + 92219	91277 + 92277
91047 + 92047	91105 + 92105	91163 + 92163	91221 + 92221	91279 + 92279
91049 + 92049	91107 + 92107	91165 + 92165	01223 + 92223	91281 + 92281
91051 + 92051	91109 + 92109	91167 + 92167	91225 + 92225	91283 + 92283
91053 + 92053	91111 + 92111	91169 + 92169	91227 + 92227	91285 + 92285
91055 + 92055	91113 + 92113	91171 + 92171	91229 + 92229	91287 + 92287
91057 + 92057	91115 + 92115	91173 + 92173	91231 + 92231	91289 + 92289

London (cont)

Central Line 1992 Tube Stock (cont)

91291 + 92291	91303 + 92303	91315 + 92315	91327 + 92327	91339 + 92339
91293 + 92293	91305 + 92305	91317 + 92317	91329 + 92329	91341 + 92341
91295 + 92295	91307 + 92307	91319 + 92319	91331 + 92331	91343 + 92343
91297 + 92297	91309 + 92309	91321 + 92321	91333 + 92333	91345 + 92345
91299 + 92299	91311 + 92311	91323 + 92323	91335 + 92335	91347 + 92347
91301 + 92301	91313 + 92313	91325 + 92325	91337 + 92337	91349 + 92349

1992 Tube Stock — BREL Derby — DM+NDM

92002 + 93002	92056 + 93056	92110 + 93110	92164 + 93164	92216 + 93216
92004 + 93004	92058 + 93058	92112 + 93112	92166 + 93166	92218 + 93218
92006 + 93006	92060 + 93060	92114 + 93114	92168 + 93168	92220 + 93220
92008 + 93008	92062 + 93062	92116 + 93116	92170 + 93170	92222 + 93222
92010 + 93010	92064 + 93064	92118 + 93118	92172 + 93172	92224 + 93224
92012 + 93012	92066 + 93066	92120 + 93120	92174 + 93174	92226 + 93226
92014 + 93014	92068 + 93068	92122 + 93122	92176 + 93176	92228 + 93228
92016 + 93016	92070 + 93070	92124 + 93124	92178 + 93178	92230 + 93230
92018 + 93018	92072 + 93072	92126 + 93126	92180 + 93180	92232 + 93232
92020 + 93020	92074 + 93074	92128 + 93128	92182 + 93182	92234 + 93234
92022 + 93022	92076 + 93076	92130 + 93130	92184 + 93184	92236 + 93236
92024 + 93024	92078 + 93078	92132 + 93132	92186 + 93186	92238 + 93238
92026 + 93026	92080 + 93080	92134 + 93134	92188 + 93188	92240 + 93240
92028 + 93028	92082 + 93082	92136 + 93136	92190 + 93190	92242 + 93242
92030 + 93030	92084 + 93084	92138 + 93138	92192 + 93192	92244 + 93244
92032 + 93032	92086 + 93086	92140 + 93140	92194 + 93194	92246 + 93246
92034 + 93034	92088 + 93088	92142 + 93142	92196 + 93196	92248 + 93248
92036 + 93036	92090 + 93090	92144 + 93144	92198 + 93198	92250 + 93250
92038 + 93038	92092 + 93092	92146 + 93146	92200 + 93200	92252 + 93252
92040 + 93040	92094 + 93094	92148 + 93148	92202 + 93202	92254 + 93254
92042 + 93042	92096 + 93096	92150 + 93150	92204 + 93204	92256 + 93256
92044 + 93044	92098 + 93098	92152 + 93152	92206 + 93206	92258 + 93258
92046 + 93046	92100 + 93100	92154 + 93154	92208 + 93208	92260 + 93260
92048 + 93048	92102 + 93102	92156 + 93156	92210 + 93210	92262 + 93262
92050 + 93050	92104 + 93104	92158 + 93158	92212 + 93212	92264 + 93264
92052 + 93052	92106 + 93106	92160 + 93160	92214 + 93214	92266 + 93266
92054 + 93054	92108 + 93108	92162 + 93162		

1992 Tube Stock De-icing Units BREL Derby — NDM+NDM

92402 + 93402	92416 + 93416	92430 + 93430	92442 + 93442	92454 + 93454
92404 + 93404	92418 + 93418	92432 + 93432	92444 + 93444	92456 + 93456
92406 + 93406	92420 + 93420	92434 + 93434	92446 + 93446	92458 + 93458
92408 + 93408	92422 + 93422	92436 + 93436	92448 + 93448	92460 + 93460
92410 + 93410	92424 + 93424	92438 + 93438	92450 + 93450	92462 + 93462
92412 + 93412	92426 + 93426	92440 + 93440	92452 + 93452	92464 + 93464
92414 + 93414	92428 + 93428			

Jubilee Line

1995-96 Tube Stock — GEC / Alstom / Metro-Cammell — DM+T+T+UDM

96001 + 96601 + 96201 + 96401	96011 + 96611 + 96211 + 96411	96021 + 96621 + 96221 + 96421
96003 + 96603 + 96203 + 96403	96013 + 96613 + 96213 + 96413	96023 + 96623 + 96223 + 96423
96005 + 96605 + 96205 + 96405	96015 + 96615 + 96215 + 96415	96025 + 96625 + 96225 + 96425
96007 + 96607 + 96207 + 96407	96017 + 96617 + 96217 + 96417	96027 + 96627 + 96227 + 96427
96009 + 96609 + 96209 + 96409	96019 + 96619 + 96219 + 96419	96029 + 96629 + 96229 + 96429

London (cont)

Jubilee Line 1995-96 Tube Stock (cont)

96031 + 96631 + 96231 + 96431	96063 + 96663 + 96263 + 96463	96095 + 96695 + 96295 + 96495	
96033 + 96633 + 96233 + 96433	96065 + 96665 + 96265 + 96465	96097 + 96697 + 96297 + 96497	
96035 + 96635 + 96235 + 96435	96067 + 96667 + 96267 + 96467	96099 + 96699 + 96299 + 96499	
96037 + 96637 + 96237 + 96437	96069 + 96669 + 96269 + 96469	96101 + 96701 + 96301 + 96501	
96039 + 96639 + 96239 + 96439	96071 + 96671 + 96271 + 96471	96103 + 96703 + 96303 + 96503	
96041 + 96641 + 96241 + 96441	96073 + 96673 + 96273 + 96473	96105 + 96705 + 96305 + 96505	
96043 + 96643 + 96243 + 96443	96075 + 96675 + 96275 + 96475	96107 + 96707 + 96307 + 96507	
96045 + 96645 + 96245 + 96445	96077 + 96677 + 96277 + 96477	96109 + 96709 + 96309 + 96509	
96047 + 96647 + 96247 + 96447	96079 + 96679 + 96279 + 96479	96111 + 96711 + 96311 + 96511	
96049 + 96649 + 96249 + 96449	96081 + 96681 + 96281 + 96481	96113 + 96713 + 96313 + 96513	
96051 + 96651 + 96251 + 96451	96083 + 96683 + 96283 + 96483	96115 + 96715 + 96315 + 96515	
96053 + 96653 + 96253 + 96453	96085 + 96685 + 96285 + 96485	96117 + 96717 + 96317 + 96517	
96055 + 96655 + 96255 + 96455	96087 + 96687 + 96287 + 96487	96119 + 96719 + 96319 + 96519	
96057 + 96657 + 96257 + 96457	96089 + 96689 + 96289 + 96489	96121 + 96721 + 96321 + 96521	
96059 + 96659 + 96259 + 96459	96091 + 96691 + 96291 + 96491	96123 + 96723 + 96323 + 96523	
96061 + 96661 + 96261 + 96461	96093 + 96693 + 96293 + 96493	96125 + 96725 + 96325 + 96525	

1995/96 Tube Stock — GEC / Alstom / Metro-Cammell — DM+T+UNDM

96002 + 96202 + 96402	96034 + 96234 + 96434	96066 + 96266 + 96466	96098 + 96898 + 96498
96004 + 96204 + 96404	96036 + 96236 + 96436	96068 + 96268 + 96468	96100 + 96900 + 96500
96006 + 96206 + 96406	96038 + 96238 + 96438	96070 + 96270 + 96470	96102 + 96902 + 96502
96008 + 96208 + 96408	96040 + 96240 + 96440	96072 + 96272 + 96472	96104 + 96904 + 96504
96010 + 96210 + 96410	96042 + 96242 + 96442	96074 + 96274 + 96474	96106 + 96906 + 96506
96012 + 96212 + 96412	96044 + 96244 + 96444	96076 + 96276 + 96476	96108 + 96908 + 96508
96014 + 96214 + 96414	96046 + 96246 + 96446	96078 + 96278 + 96478	96110 + 96910 + 96510
96016 + 96216 + 96416	96048 + 96248 + 96448	96080 + 96880 + 96480	96112 + 96912 + 9651
96018 + 96218 + 96418	96050 + 96250 + 96450	96082 + 96882 + 96482	96114 + 96914 + 9651
96020 + 96220 + 96420	96052 + 96252 + 96452	96084 + 96884 + 96484	96116 + 96916 + 9651
96022 + 96222 + 96422	96054 + 96254 + 96454	96086 + 96886 + 96486	96118 + 96918 + 9651
96024 + 96224 + 96424	96056 + 96256 + 96456	96088 + 96888 + 96488	96120 + 96320 + 9652
96026 + 96226 + 96426	96058 + 96258 + 96458	96090 + 96890 + 96490	96122 + 96322 + 9652
96028 + 96228 + 96428	96060 + 96260 + 96460	96092 + 96892 + 96492	96124 + 96324 + 9652
96030 + 96230 + 96430	96062 + 96262 + 96462	96094 + 96894 + 96494	96126 + 96326 + 9652
96032 + 96232 + 96432	96064 + 96264 + 96464	96096 + 96896 + 96496	

Departmental Asset Inspection Unit

3213 + 4213 + 4313 + 3313

Preserved London Underground Vehicles

2	DM Car	Metro-Cammell	1934
7	DM Car	Metro-Cammell	1931
L11	Shunting Loco	Metro-Cammell	1931
12	Electric Loco	Metro-Vickers	1922
44	Trailer Car	Cammell Laird	1923
DT81	Diesel Tender	Sentinel	
DT82	Diesel Tender	Sentinel	
DT83	Diesel Tender	Sentinel	
L130	Pilot Motor Car	Metro-Cammell	1934
L135	Pilot Motor Car	Metro-Cammell	1934
PC850	Personell Carrier	Birmingham	1931
PC851	Personell Carrier	Birmingham	1932
PC855	Personell Carrier	Birmingham	1933
TRC912	Track Recording Car	Birmingham	1938
WPW1000	Diesel Generator	Acton Works	1937

London Docklands Light Railway (UK)
22.6km 1435mm DLR

Class B92 — 2001-2002 — 2 Section Cars — Bombardier Brugge — 750V DC 3rd rail

01	04	07	10	13	15
02	05	08	11	14	16
03	06	09	12		

Class B90 — 1991-1992 — 2 Section Cars — BN Construction Brugge — 750V DC 3rd rail

22	26	30	34	38	42
23	27	31	35	39	43
24	28	32	36	40	44
25	29	33	37	41	

Class B92 — 1992-1995 — 2 Section Cars — BN Construction Brugge — 750V DC 3rd rail

45	53	61	69	77	85
46	54	62	70	78	86
47	55	63	71	79	87
48	56	64	72	80	88
49	57	65	73	81	89
50	58	66	74	82	90
51	59	67	75	83	91
52	60	68	76	84	

Class B92 — 2001-2002 — 2 Section Cars — Bombardier Brugge — 750V DC 3rd rail

92	94	96	97	98	99
93	95				

Class B92 — 2007- — 2 Section Cars — Bombardier Brugge — 750V DC 3rd rail

101	111	120	129	138	147
102	112	121	130	139	148
103	113	122	131	140	149
104	114	123	132	141	150
105	115	124	133	142	151
106	116	125	134	143	152
107	117	126	135	144	153
108	118	127	136	145	154
109	119	128	137	146	155
110					

Works Vehicles

992	CT30 Crane	994 GEC Diesel	995 Ruston Diesel
993	Battery Locomotive		

London Heathrow Track Transit System   1435mm   TTS

Type   2006-2007   Bombardier

01	02	03	04	05	06

London Heathrow Personal Rapid Transit
Battery powered driverless pods   PRT

These vehicles will run from Terminal 5 (T5) to the business car park (N3)

2008-2009

001	004	007	010	013	016
002	005	008	011	014	017
003	006	009	012	015	018

London Post Office Railway (UK)

System has been mothballed and no future plans have been given

Type Greenbat   1980

01	[501]	08	[508]	15	[515]	22	[522]	29	[529]
02	[502]	09	[509]	16	[516]	23	[523]	30	[530]
03	[503]	10	[510]	17	[517]	24	[524]	31	[531]
04	[504]	11	[511]	18	[518]	25	[525]	32	[532]
05	[505]	12	[512]	19	[519]	26	[526]	33	[533]
06	[506]	13	[513]	20	[520]	27	[527]	34	[534]
07	[507]	14	[514]	21	[521]	28	[528]		[535]

Type English Electric   1930-1931

35	[755]	38	[761]	42	[806]	45	[814]	48	[824]
36	[756]	39	[762]	43	[811]	47	[819]	49	[827]
37	[760]	41	[805]	44	[812]				

Type English Electric   1936

50	[928]	51	[931]				

Special Duty (VIP) Car

753				

Personnel Carrier

821				

Type Battery Cars   1926

1	2	3			

Cars Stored out of Service

66	793	802	816	822	925
752	795	804	817	826	930
759	797	810	818	828	932
763	799	813	820	830	

Preserved Cars

601	1927	4-wheeled stock	Mount Pleasant Workshop
803	1930/31	English Electric	Buckinghamshire Railway Centre
807	1930/31	English Electric	Science Museum
808	1930/31	English Electric	West Somerset Railway
809	1930/31	English Electric	National Railway Museum, York

Lausanne — 59km — Rubber Tyres — TL

Class 200 (M2) — 2-Car Units — Alstom

241	244	247	250	252	254
242	245	248	251	253	255
243	246	249			

Class Bem 4/6 (Line 1) — 2-Car Units — ACM/Duewag/ABB

558 201-0	558 204-4	558 207-7	558 210-1	558 213-5	558 216-8
558 202-8	558 205-1	558 208-5	558 211-9	558 214-3	558 217-6
558 203-6	558 206-9	558 209-3	558 212-7	558 215-0	

Works Cars
6101 Tm2/2 CFD   1977
6102 Xm1/2 Robel 1957

Lyon — 25.7km — Rubber Tyres — TCL

No information on separate series

300 Series

301	306	311	315	319	323
302	307	312	316	320	324
303	308	313	317	321	325
304	309	314	318	322	326
305	310				

500 Series

501	513	525	537	549	560
502	514	526	538	550	561
503	515	527	539	551	562
504	516	528	540	552	563
505	517	529	541	553	564
506	518	530	542	554	565
507	519	531	543	555	566
508	520	532	544	556	567
509	521	533	545	557	568
510	522	534	546	558	569
511	523	535	547	559	570
512	524	536	548		

600 Series

601	607	613	619	625	631
602	608	614	620	626	632
603	609	615	621	627	633
604	610	616	622	628	634
605	611	617	623	629	635
606	612	618	624	630	

Madrid — 118.5km 1445mm — Metro de Madrid

2000 Series — 2 Car Unit — 1984-1998 — CAF

Stored at Canillejas *

2001 *	2014	2027	2039	2051	2063
2002 *	2015	2028	2040	2052	2064
2003 *	2016	2029	2041	2053	2065
2004 *	2017	2030	2042	2054	2066
2005 *	2018	2031	2043	2055	2067
2006 *	2019	2032	2044	2056	2068
2007 *	2020	2033	2045	2057	2069
2008 *	2021	2034	2046	2058	2070
2009 *	2022	2035	2047	2059	2071
2010 *	2023	2036	2048	2060	2072
2011 *	2024	2037	2049	2061	2073
2012 *	2025	2038	2050	2062	2074
2013	2026				

2100 Series — 2 Car Unit — 1984-1998 — CAF

2101	2118	2135	2152	2169	2185
2102	2119	2136	2153	2170	2186
2103	2120	2137	2154	2171	2187
2104	2121	2138	2155	2172	2188
2105	2122	2139	2156	2173	2189
2106	2123	2140	2157	2174	2190
2107	2124	2141	2158	2175	2191
2108	2125	2142	2159	2176	2192
2109	2126	2143	2160	2177	2193
2110	2127	2144	2161	2178	2194
2111	2128	2145	2162	2179	2195
2112	2129	2146	2163	2180	2196
2113	2130	2147	2164	2181	2197
2114	2131	2148	2165	2182	2198
2115	2132	2149	2166	2183	2199
2116	2133	2150	2167	2184	2220
2117	2134	2151	2168		

2300 Series — 2 Car Unit — 1984-1998 — CAF

2301	2314	2327	2340	2353	2366
2302	2315	2328	2341	2354	2367
2303	2316	2329	2342	2355	2368
2304	2317	2330	2343	2356	2369
2305	2318	2331	2344	2357	2370
2306	2319	2332	2345	2358	2371
2307	2320	2333	2346	2359	2372
2308	2321	2334	2347	2360	2373
2309	2322	2335	2348	2361	2374
2310	2323	2336	2349	2362	2375
2311	2324	2337	2350	2363	2376
2312	2325	2338	2351	2364	2377
2313	2326	2339	2352	2365	2378

2400 Series — 2 Car Unit — 1984-1998 — CAF/Macosa

2401	2406	2411	2416	2421	2426
2402	2407	2412	2417	2422	2427
2403	2408	2413	2418	2423	2428
2404	2409	2414	2419	2424	2429
2405	2410	2415	2420	2425	2430

Madrid (cont)

2400 Series 2 Car Unit   1984-1998   CAF/Macosa

2431	2443	2455	2467	2478	2489
2432	2444	2456	2468	2479	2490
2433	2445	2457	2469	2480	2491
2434	2446	2458	2470	2481	2492
2435	2447	2459	2471	2482	2493
2436	2448	2460	2472	2483	2494
2437	2449	2461	2473	2484	2495
2438	2450	2462	2474	2485	2496
2439	2451	2463	2475	2486	2497
2440	2452	2464	2476	2487	2498
2441	2453	2465	2477	2488	2499
2442	2454	2466			

2500 Series 2 Car Unit   1984-1998   CAF

2500	2517	2534	2551	2568	2584
2501	2518	2535	2552	2569	2585
2502	2519	2536	2553	2570	2586
2503	2520	2537	2554	2571	2587
2504	2521	2538	2555	2572	2588
2505	2522	2539	2556	2573	2589
2506	2523	2540	2557	2574	2590
2507	2524	2541	2558	2575	2591
2508	2525	2542	2559	2576	2592
2509	2526	2543	2560	2577	2593
2510	2527	2544	2561	2578	2594
2511	2528	2545	2562	2579	2595
2512	2529	2546	2563	2580	2596
2513	2530	2547	2564	2581	2597
2514	2531	2548	2565	2582	2598
2515	2532	2549	2566	2583	2599
2516	2533	2550	2567		

2600 Series 2 Car Unit   1984-1998   CAF

2600	2617	2634	2651	2668	2684
2601	2618	2635	2652	2669	2685
2602	2619	2636	2653	2670	2686
2603	2620	2637	2654	2671	2687
2604	2621	2638	2655	2672	2688
2605	2622	2639	2656	2673	2689
2606	2623	2640	2657	2674	2690
2607	2624	2641	2658	2675	2691
2608	2625	2642	2659	2676	2692
2609	2626	2643	2660	2677	2693
2610	2627	2644	2661	2678	2694
2611	2628	2645	2662	2679	2695
2612	2629	2646	2663	2680	2696
2613	2630	2647	2664	2681	2697
2614	2631	2648	2665	2682	2698
2615	2632	2649	2666	2683	2699
2616	2633	2650	2667		

2700 Series 2 Car Unit   1984-1998   CAF

2700	2703	2706	2709	2712	2715
2701	2704	2707	2710	2713	2716
2702	2705	2708	2711	2714	2717

Madrid (cont)

2700 Series 2 Car Unit 1984-1998 CAF

2718	2732	2746	2760	2774	2787
2719	2733	2747	2761	2775	2788
2720	2734	2748	2762	2776	2789
2721	2735	2749	2763	2777	2790
2722	2736	2750	2764	2778	2791
2723	2737	2751	2765	2779	2792
2724	2738	2752	2766	2780	2793
2725	2739	2753	2767	2781	2794
2726	2740	2754	2768	2782	2795
2727	2741	2755	2769	2783	2796
2728	2742	2756	2770	2784	2797
2729	2743	2757	2771	2785	2798
2730	2744	2758	2772	2786	2799
2731	2745	2759	2773		

2800 Series 2 Car Unit 1984-1998 CAF

2800	2817	2834	2851	2868	2884
2801	2818	2835	2852	2869	2885
2802	2819	2836	2853	2870	2886
2803	2820	2837	2854	2871	2887
2804	2821	2838	2855	2872	2888
2805	2822	2839	2856	2873	2889
2806	2823	2840	2857	2874	2890
2807	2824	2841	2858	2875	2891
2808	2825	2842	2859	2876	2892
2809	2826	2843	2860	2877	2893
2810	2827	2844	2861	2878	2894
2811	2828	2845	2862	2879	2895
2812	2829	2846	2863	2880	2896
2813	2830	2847	2864	2881	2897
2814	2831	2848	2865	2882	2898
2815	2832	2849	2866	2883	2899
2816	2833	2850	2867		

2900 Series 2 Car Unit 1984-1998 CAF

2900	2901	2902	2903	2904	

3000 Series 6 Car Unit 2006-2007 CAF

3001	3018	3035	3052	3068	3084
3002	3019	3036	3053	3069	3085
3003	3020	3037	3054	3070	3086
3004	3021	3038	3055	3071	3087
3005	3022	3039	3056	3072	3088
3006	3023	3040	3057	3073	3089
3007	3024	3041	3058	3074	3090
3008	3025	3042	3059	3075	3091
3009	3026	3043	3060	3076	3092
3010	3027	3044	3061	3077	3093
3011	3028	3045	3062	3078	3094
3012	3029	3046	3063	3079	3095
3013	3030	3047	3064	3080	3096
3014	3031	3048	3065	3081	3097
3015	3032	3049	3066	3082	3098
3016	3033	3050	3067	3083	3099
3017	3034	3051			

Madrid (cont)

3100 Series 6 Car Unit   2007-2008   CAF

3100	3117	3134	3151	3168	3184
3101	3118	3135	3152	3169	3185
3102	3119	3136	3153	3170	3186
3103	3120	3137	3154	3171	3187
3104	3121	3138	3155	3172	3188
3105	3122	3139	3156	3173	3189
3106	3123	3140	3157	3174	3190
3107	3124	3141	3158	3175	3191
3108	3125	3142	3159	3176	3192
3109	3126	3143	3160	3177	3193
3110	3127	3144	3161	3178	3194
3111	3128	3145	3162	3179	3195
3112	3129	3146	3163	3180	3196
3113	3130	3147	3164	3181	3197
3114	3131	3148	3165	3182	3198
3115	3132	3149	3166	3183	3199
3116	3133	3150	3167		

3200 Series 6 Car Unit   2008   CAF

3200	3203	3206	3209	3212	3215
3201	3204	3207	3210	3213	3216
3202	3205	3208	3211	3214	

3400 Series 4 Car Unit   2006-2007   CAF

3403	3420	3437	3453	3469	3485
3405	3421	3438	3455	3471	3486
3407	3423	3439	3456	3473	3487
3408	3425	3441	3457	3474	3489
3409	3426	3443	3459	3475	3491
3411	3427	3444	3461	3477	3492
3413	3429	3445	3462	3479	3493
3414	3431	3447	3463	3480	3495
3415	3432	3449	3465	3481	3497
3417	3433	3450	3467	3483	3498
3419	3435	3451	3468		

3500 Series 4 Car Unit   2007-   CAF

Under Construction by CAF

3501	3517	3534	3551	3567	3583
3503	3519	3535	3552	3569	3585
3504	3521	3537	3553	3570	3587
3505	3522	3539	3555	3571	3588
3507	3523	3540	3557	3573	3589
3509	3525	3541	3558	3575	3591
3510	3527	3543	3559	3576	3593
3511	3528	3545	3561	3577	3594
3513	3529	3546	3563	3579	3595
3515	3531	3547	3564	3581	3597
3516	3533	3549	3565	3582	3599

3600 Series 4 Car Unit   CAF

Under Construction by CAF

3600	3605	3609	3613	3618	3623
3601	3606	3611	3615	3619	3624
3603	3607	3612	3617	3621	3625

Madrid (cont)

3600 Series 4 Car Unit   CAF

3627	3641	3653	3665	3677	3689
3629	3642	3654	3666	3678	3690
3630	3643	3655	3667	3679	3691
3631	3645	3657	3669	3681	3693
3633	3647	3659	3671	3683	3695
3635	3648	3660	3672	3684	3696
3636	3649	3661	3673	3685	3697
3637	3651	3663	3675	3687	3699
3639					

3700 Series 4 Car Unit   CAF

Under Construction by CAF

3701	3705	3709	3714	3719	3723
3702	3707	3711	3715	3720	3725
3703	3708	3713	3717	3721	3726

5000 Series 2 Car Unit   1974-1975   CAF

5001	5018	5035	5052	5068	5084
5002	5019	5036	5053	5069	5085
5003	5020	5037	5054	5070	5086
5004	5021	5038	5055	5071	5087
5005	5022	5039	5056	5072	5088
5006	5023	5040	5057	5073	5089
5007	5024	5041	5058	5074	5090
5008	5025	5042	5059	5075	5091
5009	5026	5043	5060	5076	5092
5010	5027	5044	5061	5077	5093
5011	5028	5045	5062	5078	5094
5012	5029	5046	5063	5079	5095
5013	5030	5047	5064	5080	5096
5014	5031	5048	5065	5081	5097
5015	5032	5049	5066	5082	5098
5016	5033	5050	5067	5083	5099
5017	5034	5051			

5100 Series 2 Car Unit   1975-1991   CAF

5100	5106	5112	5118	5124	5130
5101	5107	5113	5119	5125	5131
5102	5108	5114	5120	5126	5132
5103	5109	5115	5121	5127	5133
5104	5110	5116	5122	5128	5134
5105	5111	5117	5123	5129	

5200 Series 2 Car Unit   1982-1983   CAF

5201	5212	5223	5234	5245	5256
5202	5213	5224	5235	5246	5257
5203	5214	5225	5236	5247	5258
5204	5215	5226	5237	5248	5259
5205	5216	5227	5238	5249	5260
5206	5217	5228	5239	5250	5261
5207	5218	5229	5240	5251	5262
5208	5219	5230	5241	5252	5263
5209	5220	5231	5242	5253	5264
5210	5221	5232	5243	5254	5265
5211	5222	5233	5244	5255	5266

Madrid (cont)

5200 Series 2 Car Unit   1982-1983   CAF

5267	5273	5279	5285	5290	5295
5268	5274	5280	5286	5291	5296
5269	5275	5281	5287	5292	5297
5270	5276	5282	5288	5293	5298
5271	5277	5283	5289	5294	5299
5272	5278	5284			

5300 Series 2 Car Unit   1983-1989   CAF

5300	5306	5311	5316	5321	5326
5301	5307	5312	5317	5322	5327
5302	5308	5313	5318	5323	5328
5303	5309	5314	5319	5324	5329
5304	5310	5315	5320	5325	5330
5305					

5400 Series Single Coach   1988-1998   CAF

5402	5414	5426	5438	5450	5462
5405	5417	5429	5441	5453	5465
5408	5420	5432	5444	5456	5468
5411	5423	5435	5447	5459	5471

5500 Series 2 Car Unit   1993   CAF

5501	5513	5525	5537	5549	5561
5502	5514	5526	5538	5550	5562
5503	5515	5527	5539	5551	5563
5504	5516	5528	5540	5552	5564
5505	5517	5529	5541	5553	5565
5506	5518	5530	5542	5554	5566
5507	5519	5531	5543	5555	5567
5508	5520	5532	5544	5556	5568
5509	5521	5533	5545	5557	5569
5510	5522	5534	5546	5558	5570
5511	5523	5535	5547	5559	5571
5512	5524	5536	5548	5560	5572

6000 Series 3 Car Unit   1999-2000   CAF

6001	6014	6027	6039	6051	6063
6002	6015	6028	6040	6052	6064
6003	6016	6029	6041	6053	6065
6004	6017	6030	6042	6054	6066
6005	6018	6031	6043	6055	6067
6006	6019	6032	6044	6056	6068
6007	6020	6033	6045	6057	6069
6008	6021	6034	6046	6058	6070
6009	6022	6035	6047	6059	6071
6010	6023	6036	6048	6060	6072
6011	6024	6037	6049	6061	6073
6012	6025	6038	6050	6062	6074
6013	6026				

6100 Series 3 Car Unit   1999   CAF

6101	6104	6107	6109	6111	6113
6102	6105	6108	6110	6112	6114
6103	6106				

Madrid (cont)

6400 Series 3 Car Unit 1999-2000 CAF

6401	6415	6427	6439	6451	6463	
6403	6417	6429	6441	6453	6465	
6405	6419	6431	6443	6455	6467	
6407	6421	6433	6445	6457	6469	
6409	6423	6435	6447	6459	6471	
6411	6425	6437	6449	6461	6473	
6413						

6500 Series 3 Car Unit 1999 CAF

6501	6505	6507	6509	6511	6513
6503					

7000 Series 6 Car Unit 2002-2003 Ansaldo Breda

7001	7018	7035	7052	7068	7084
7002	7019	7036	7053	7069	7085
7003	7020	7037	7054	7070	7086
7004	7021	7038	7055	7071	7087
7005	7022	7039	7056	7072	7088
7006	7023	7040	7057	7073	7089
7007	7024	7041	7058	7074	7090
7008	7025	7042	7059	7075	7091
7009	7026	7043	7060	7076	7092
7010	7027	7044	7061	7077	7093
7011	7028	7045	7062	7078	7094
7012	7029	7046	7063	7079	7095
7013	7030	7047	7064	7080	7096
7014	7031	7048	7065	7081	7097
7015	7032	7049	7066	7082	7098
7016	7033	7050	7067	7083	7099
7017	7034	7051			

7100 Series 6 Car Unit 2002-2003 Ansaldo Breda

7100	7114	7128	7142	7155	7168
7101	7115	7129	7143	7156	7169
7102	7116	7130	7144	7157	7170
7103	7117	7131	7145	7158	7171
7104	7118	7132	7146	7159	7172
7105	7119	7133	7147	7160	7173
7106	7120	7134	7148	7161	7174
7107	7121	7135	7149	7162	7175
7108	7122	7136	7150	7163	7176
7109	7123	7137	7151	7164	7177
7110	7124	7138	7152	7165	7178
7111	7125	7139	7153	7166	7179
7112	7126	7140	7154	7167	7180
7113	7127	7141			

7400 Series 6 Car Unit 2004-2005 Ansaldo Breda

7403	7410	7417	7424	7431	7438
7404	7411	7418	7425	7432	7439
7405	7412	7419	7426	7433	7440
7406	7413	7420	7427	7434	7441
7407	7414	7421	7428	7435	7442
7408	7415	7422	7429	7436	7443
7409	7416	7423	7430	7437	7444

Madrid (cont)

8000 Series 4 Car Unit 2002 CAF

8001	8012	8023	8034	8043	8053
8004	8013	8024	8035	8046	8054
8005	8016	8025	8036	8047	8055
8006	8017	8028	8037	8048	8058
8007	8018	8029	8040	8049	8059
8010	8019	8030	8041	8052	8060
8011	8022	8031	8042		

8100 Series 4 Car Unit 2002 CAF

8103	8108	8113	8118	8121	8125
8106	8109	8114	8119	8124	8126
8107	8112	8115	8120		

8100 Series 3 Car Unit 2002 CAF

8127	8143	8155	8167	8179	8191
8131	8144	8156	8168	8180	8192
8132	8145	8157	8169	8181	8193
8133	8149	8161	8173	8185	8197
8137	8150	8162	8174	8186	8198
8138	8151	8163	8175	8187	8199
8139					

8200 Series 3 Car Unit 2002-2003 CAF

8203	8215	8227	8235	8246	8257
8204	8216	8228	8239	8247	8258
8205	8217	8229	8240	8251	8259
8209	8221	8233	8241	8252	8263
8210	8222	8234	8245	8253	8264
8211	8223				

8400 Series 3 Car Unit 2002-2003 CAF

8403	8414	8425	8433	8444	8455
8407	8415	8426	8437	8445	8456
8408	8419	8427	8438	8449	8457
8409	8420	8431	8439	8450	8461
8413	8421	8432	8443	8451	8462

9000 Series 6 Car Unit 2006- Ansaldo Breda

Units still under construction

9001	9018	9035	9052	9068	9084
9002	9019	9036	9053	9069	9085
9003	9020	9037	9054	9070	9086
9004	9021	9038	9055	9071	9087
9005	9022	9039	9056	9072	9088
9006	9023	9040	9057	9073	9089
9007	9024	9041	9058	9074	9090
9008	9025	9042	9059	9075	9091
9009	9026	9043	9060	9076	9092
9010	9027	9044	9061	9077	9093
9011	9028	9045	9062	9078	9094
9012	9029	9046	9063	9079	9095
9013	9030	9047	9064	9080	9096
9014	9031	9048	9065	9081	9097
9015	9032	9049	9066	9082	9098
9016	9033	9050	9067	9083	9099
9017	9034	9051			

Madrid (cont)

9100 Series 6 Car Unit 2006- Ansaldo Breda/

Units still under construction

9100	9110	9120	9130	9139	9148
9101	9111	9121	9131	9140	9149
9102	9112	9122	9132	9141	9150
9103	9113	9123	9133	9142	9151
9104	9114	9124	9134	9143	9152
9105	9115	9125	9135	9144	9153
9106	9116	9126	9136	9145	9154
9107	9117	9127	9137	9146	9155
9108	9118	9128	9138	9147	9156
9109	9119	9129			

9400 Series 6 Car Unit 2007- Ansaldo Breda

Units still under construction

9403	9409	9415	9421	9427	9433
9404	9410	9416	9422	9428	9434
9405	9411	9417	9423	9429	9435
9406	9412	9418	9424	9430	9436
9407	9413	9419	9425	9431	9437
9408	9414	9420	9426	9432	9438

9700 Series 3 Car Unit 2007 Ansaldo Breda

Units still under construction

9703	9721	9738	9755	9769	9786
9707	9725	9739	9756	9773	9787
9708	9726	9743	9757	9774	9791
9709	9727	9744	9761	9775	9792
9713	9731	9745	9762	9779	9793
9714	9732	9749	9763	9780	9797
9715	9733	9750	9767	9781	9798
9719	9737	9751	9768	9785	9799
9720					

9800 Series 3 Car Unit 2007- Ansaldo Breda

Units still under construction

9803	9805	9810	9815	9817	9822
9804	9809	9811	9816	9821	

Marseille (France)   68.7 km   1435mm   ATM

4 Car Units 2006-2007

MA01	RA01	RB01	MB01	MA13	RA13	RB13	MB13	MA25	RA25	RB25	MB25
MA02	RA02	RB02	MB02	MA14	RA14	RB14	MB14	MA26	RA26	RB26	MB26
MA03	RA03	RB03	MB03	MA15	RA15	RB15	MB15	MA27	RA27	RB27	MB27
MA04	RA04	RB04	MB04	MA16	RA16	RB16	MB16	MA28	RA28	RB28	MB28
MA05	RA05	RB05	MB05	MA17	RA17	RB17	MB17	MA29	RA29	RB29	MB29
MA06	RA06	RB06	MB06	MA18	RA18	RB18	MB18	MA30	RA30	RB30	MB30
MA07	RA07	RB07	MB07	MA19	RA19	RB19	MB19	MA31	RA31	RB31	MB31
MA08	RA08	RB08	MB08	MA20	RA20	RB20	MB20	MA32	RA32	RB32	MB32
MA09	RA09	RB09	MB09	MA21	RA21	RB21	MB21	MA33	RA33	RB33	MB33
MA10	RA10	RB10	MB10	MA22	RA22	RB22	MB22	MA34	RA34	RB34	MB34
MA11	RA11	RB11	MB11	MA23	RA23	RB23	MB23	MA35	RA35	RB35	MB35
MA12	RA12	RB12	MB12	MA24	RA24	RB24	MB24	MA36	RA36	RB36	MB36

Milan 68.7km 1435mm ATM

Type 100 — Red Line 1

101	114	127	140	152	164	
102	115	128	141	153	165	
103	116	129	142	154	166	
104	117	130	143	155	167	
105	118	131	144	156	168	
106	119	132	145	157	169	
107	120	133	146	158	170	
108	121	134	147	159	171	
109	122	135	148	160	172	
110	123	136	149	161	173	
111	124	137	150	162	174	
112	125	138	151	163	175	
113	126	139				

Type 201 — Red Line 1

201	218	235	252	268	284	
202	219	236	253	269	285	
203	220	237	254	270	286	
204	221	238	255	271	287	
205	222	239	256	272	288	
206	223	240	257	273	289	
207	224	241	258	274	290	
208	225	242	259	275	291	
209	226	243	260	276	292	
210	227	244	261	277	293	
211	228	245	262	278	294	
212	229	246	263	279	295	
213	230	247	264	280	296	
214	231	248	265	281	297	
215	232	249	266	282	298	
216	233	250	267	283	299	
217	234	251				

Type 300 — Green Line 2

301	318	335	352	368	384	
302	319	336	353	369	385	
303	320	337	354	370	386	
304	321	338	355	371	387	
305	322	339	356	372	388	
306	323	340	357	373	389	
307	324	341	358	374	390	
308	325	342	359	375	391	
309	326	343	360	376	392	
310	327	344	361	377	393	
311	328	345	362	378	394	
312	329	346	363	379	395	
313	330	347	364	380	396	
314	331	348	365	381	397	
315	332	349	366	382	398	
316	333	350	367	383	399	
317	334	351				

Milan (cont)

Type 400 — Green Line 2

401	411	421	431	441	451
402	412	422	432	442	452
403	413	423	433	443	453
404	414	424	434	444	454
405	415	425	435	445	455
406	416	426	436	446	456
407	417	427	437	447	457
408	418	428	438	448	458
409	419	429	439	449	459
410	420	430	440	450	460

Type 500 — Green Line 2

501	503	505	507	509	510
502	504	506	508		

Type 600 — Red Line 1

601	606	611	616	621	626
602	607	612	617	622	627
603	608	613	618	623	628
604	609	614	619	624	629
605	610	615	620	625	630

Type 700 — Red Line 1

701	707	713	718	723	728
702	708	714	719	724	729
703	709	715	720	725	730
704	710	716	721	726	731
705	711	717	722	727	732
706	712				

Type 1101 — Red Line 1

1101	1111	1121	1131	1141	1151
1102	1112	1122	1132	1142	1152
1103	1113	1123	1133	1143	1153
1104	1114	1124	1134	1144	1154
1105	1115	1125	1135	1145	1155
1106	1116	1126	1136	1146	1156
1107	1117	1127	1137	1147	1157
1108	1118	1128	1138	1148	1158
1109	1119	1129	1139	1149	1159
1110	1120	1130	1140	1150	1160

Type 1301 — Red Line 1

1301	1308	1315	1322	1329	1335
1302	1309	1316	1323	1330	1336
1303	1310	1317	1324	1331	1337
1304	1311	1318	1325	1332	1338
1305	1312	1319	1326	1333	1339
1306	1313	1320	1327	1334	1340
1307	1314	1321	1328		

Milan (cont)

Type 2101 — Green Line 2

2101	2110	2119	2127	2135	2143
2102	2111	2120	2128	2136	2144
2103	2112	2121	2129	2137	2145
2104	2113	2122	2130	2138	2146
2105	2114	2123	2131	2139	2147
2106	2115	2124	2132	2140	2148
2107	2116	2125	2133	2141	2149
2108	2117	2126	2134	2142	2150
2109	2118				

Type 2501 — Green Line 2

2501	2508	2515	2522	2528	2534
2502	2509	2516	2523	2529	2535
2503	2510	2517	2524	2530	2536
2504	2511	2518	2525	2531	2537
2505	2512	2519	2526	2532	2538
2506	2513	2520	2527	2533	2539
2507	2514	2521			

Type 3000 — Green Line 2

3001	3002	3003	3004	3005	

Type 6100 — Red Line 1

6101	6105	6109	6112	6115	6118
6102	6106	6110	6113	6116	6119
6103	6107	6111	6114	6117	6120
6104	6108				

Type 6200 — Red Line 1

6201	6205	6208	6211	6214	6217
6202	6206	6209	6212	6215	6218
6203	6207	6210	6213	6216	6219
6204					

Type 8000 — Yellow Line 3

8001	8019	8037	8055	8073	8090
8002	8020	8038	8056	8074	8091
8003	8021	8039	8057	8075	8092
8004	8022	8040	8058	8076	8093
8005	8023	8041	8059	8077	8094
8006	8024	8042	8060	8078	8095
8007	8025	8043	8061	8079	8096
8008	8026	8044	8062	8080	8097
8009	8027	8045	8063	8081	8098
8010	8028	8046	8064	8082	8099
8011	8029	8047	8065	8083	8100
8012	8030	8048	8066	8084	8101
8013	8031	8049	8067	8085	8102
8014	8032	8050	8068	8086	8103
8015	8033	8051	8069	8087	8104
8016	8034	8052	8070	8088	8105
8017	8035	8053	8071	8089	8106
8018	8036	8054	8072		

Milan (cont)

Type 9000 — Yellow Line 3

9001	9010	9019	9028	9037	9046
9002	9011	9020	9029	9038	9047
9003	9012	9021	9030	9039	9048
9004	9013	9022	9031	9040	9049
9005	9014	9023	9032	9041	9050
9006	9015	9024	9033	9042	9051
9007	9016	9025	9034	9043	9052
9008	9017	9026	9035	9044	9053
9009	9018	9027	9036	9045	

Munich — 66.8km — 1435mm — SWM

A1(Prototype) — 1967 — WMD

6091	7091	6093	7093				

Type A2.1 — 1970-1971 — O&K

6101	7101	6104	7104	6106	7106	6108	7108
6102	7102	6105	7105	6107	7107	6109	7109
6103	7103						

Type A2.1 — 1971-1972 — Rathgeber/WMD

6111	7111	6121	7121	6131	7131	6141	7141
6112	7112	6122	7122	6132	7132	6142	7142
6113	7113	6123	7123	6133	7133	6143	7143
6114	7114	6124	7124	6134	7134	6144	7144
6115	7115	6125	7125	6135	7135	6145	7145
6116	7116	6126	7126	6136	7136	6146	7146
6117	7117	6127	7127	6137	7137	6147	7147
6118	7118	6128	7128	6138	7138	6148	7148
6119	7119	6129	7129	6139	7139	6150	7150
6120	7120	6130	7130	6140	7140	6151	7151

Type A2.2 — 1974-1975 — MBB

6161	7161	6166	7166	6170	7170	6174	7174
6162	7162	6167	7167	6171	7171	6175	7175
6163	7163	6168	7168	6172	7172	6177	7177
6164	7164	6169	7169	6173	7173	6178	7178
6165	7165						

Type A2.3 — 1978 — MBB

6201	7201	6202	7202	6203	7203	6204	7204

Type A2.3 — 1979-1980 — O&K/MBB

6205	7205	6215	7215	6225	7225	6235	7235
6206	7206	6216	7216	6226	7226	6236	7236
6207	7207	6217	7217	6227	7227	6237	7237
6208	7208	6218	7218	6228	7228	6238	7238
6209	7209	6219	7219	6229	7229	6239	7239
6210	7210	6220	7220	6230	7230	6240	7240
6211	7211	6221	7221	6231	7231	6241	7241
6212	7212	6222	7222	6232	7232	6242	7242
6213	7213	6223	7223	6233	7233	6243	7243
6214	7214	6224	7224	6234	7234	6244	7244

Munich (cont)

Type A2.3 — 1979-1980 — O&K/MBB

6245	7245	6248	7248	6250	7250	6252	7252
6246	7246	6249	7249	6251	7251	6253	7253
6247	7247						

Type A2.5 — 1982-1983 — MBB/MAN

6301	7301	6319	7319	6337	7337	6355	7355
6302	7302	6320	7320	6338	7338	6356	7356
6303	7303	6321	7321	6339	7339	6357	7357
6304	7304	6322	7322	6340	7340	6358	7358
6305	7305	6323	7323	6341	7341	6359	7359
6306	7306	6324	7324	6342	7342	6360	7360
6307	7307	6325	7325	6343	7343	6361	7361
6308	7308	6326	7326	6344	7344	6362	7362
6309	7309	6327	7327	6345	7345	6363	7363
6310	7310	6328	7328	6346	7346	6364	7364
6311	7311	6329	7329	6347	7347	6365	7365
6312	7312	6330	7330	6348	7348	6366	7366
6313	7313	6331	7331	6349	7349	6367	7367
6314	7314	6332	7332	6350	7350	6368	7368
6315	7315	6333	7333	6351	7351	6369	7369
6316	7316	6334	7334	6352	7352	6370	7370
6317	7317	6335	7335	6353	7353	6371	7371
6318	7318	6336	7336	6354	7354		

B1.4 (Prototype) — 1981 — MBB

6494	7494	6496	7496	6498	7498	6499	7499
6495	7495	6497	7497				

Type B2.7 — 1988-1989 — MBB/MAN

6501	7501	6510	7510	6519	7519	6528	7528
6502	7502	6511	7511	6520	7520	6529	7529
6503	7503	6512	7512	6521	7521	6530	7530
6504	7504	6513	7513	6522	7522	6531	7531
6505	7505	6514	7514	6523	7523	6532	7532
6506	7506	6515	7515	6524	7524	6533	7533
6507	7507	6516	7516	6525	7525	6534	7534
6508	7508	6517	7517	6526	7526	6535	7535
6509	7509	6518	7518	6527	7527		

Type B2.8 — 1994-1995 — DWA

6551	7551	6557	7557	6563	7563	6568	7568
6552	7552	6558	7558	6564	7564	6569	7569
6553	7553	6559	7559	6565	7565	6570	7570
6554	7554	6560	7560	6566	7566	6571	7571
6555	7555	6561	7561	6567	7567	6572	7572
6556	7556	6562	7562				

Type C1.9 — 2001 — Bomb Henn

6601	8601	8651	8751	8701	7601	6606	8606	8656	8756	8706	7606
6602	8602	8652	8752	8702	7602	6607	8607	8657	8757	8707	7607
6603	8603	8653	8753	8703	7603	6608	8608	8658	8758	8708	7608
6604	8604	8654	8754	8704	7604	6609	8609	8659	8759	8709	7609
6605	8605	8655	8755	8705	7605	6610	8610	8660	8760	8710	7610

Munich (cont)

Type C1.10					2005-2006				Bomb Henn
6611	8611	8661	8761	8711	7611	6615	8615	8665	8765	8715	7615
6612	8612	8662	8762	8712	7612	6616	8616	8666	8766	8716	7616
6613	8613	8663	8763	8713	7613	6617	8617	8667	8767	8717	7617
6614	8614	8664	8764	8714	7614	6618	8618	8668	8768	8718	7618

U-Bahn Works Cars

Diesellok			1971		Jung
8903					

Gleiskraftwagen			1972-1988		Robel
8930	8931	8932	8933		

Zweikraftlok			1989-1996		
8951	8952				

Staubsaugerzug			2003		SocoFer
8960					

Dreiseitenkippwagen			1974-1976		Schoma
9930	9931				

Gleiskraftwagen			1982-1987		Robel
9932	9933	9934	9935	9936	

Transportwagen			1969		Rathgeber
9951	9952				

Hubsteigerwagen			1990		Robel
9981					

Drehschemelwagen			1972		Eigenbau
9990	9991				

Profilmesswagen			1969		Rathgeber
9999					

Napoli — 19.6km 1435mm

Articulated Unit					
001	002	003	004	005	006

Newcastle Tyne & Wear Metro 59.1km 1435mm		T&WPTE	
B-2-B	1978-1981	Metropolitan-Cammell	
4001	4032	4062	
4002	4033	4063	
4003	4034	4064	Michael Campbell
4004	4035	4065	Dame Catharine
4005	4036		Cookson
4006	4037	4066	
4007	4038	4067	
4008	4039	4068	
4009	4040	4069	
4010	4041 Harry Cowans	4070	
4011	4042	4071	
4012	4043	4072	
4013	4044	4073	Danny Marshall
4014	4045	4074	
4015	4046	4075	
4016	4047	4076	
4017	4048	4077	Robert Stephenson
4018	4049	4078	Ellen Wilkinson
4019	4050	4079	
4020	4051	4080	
4021	4052	4081	
4022	4053	4082	
4023	4054	4083	
4024	4055	4084	
4025	4056	4085	
4026 George Stephenson	4057	4086	
4027	4058	4087	
4028	4059	4088	
4029	4060 Thomas Bewick	4089	
4030	4061	4090	
4031			

Works Vehicles		
Battery Locos	1989-1990	Hunslet TPL
BL1	BL2	BL3

Nuremburg 23.2km 1435mm VAG

Type DT1 (DC) — 1970-1971 — MAN / Siemens

401 + 402	407 + 408	413 + 414	417 + 418	421 + 422	425 + 426
403 + 404	409 + 410	415 + 416	419 + 420	423 + 424	427 + 428
405 + 406	411 + 412				

Type DT1 (DC) — 1975 — MAN / Siemens

429 + 430	433 + 434	437 + 438	441 + 442	443 + 444	445 + 446
431 + 432	435 + 436	439 + 440			

Type DT1 (DC) — 1979 — MAN / Siemens

449 + 450	453 + 454	457 + 458	459 + 460	461 + 462	463 + 464
451 + 452	455 + 456				

Type DT1 (3 Phase) — 1980-1981 — MAN / Siemens

465 + 466	469 + 470	473 + 474	475 + 476	477 + 478	479 + 480
467 + 468	471 + 472				

Type DT1 (3 Phase) — 1982 — MAN / Siemens

481 + 482	487 + 488	493 + 494	497 + 498	501 + 502	505 + 506
483 + 484	489 + 490	495 + 496	499 + 500	503 + 504	507 + 508
485 + 486	491 + 492				

Type DT1 (3 Phase) — 1983-1984 — MAN / Siemens

509 + 510	513 + 514	517 + 518	521 + 522	525 + 526	527 + 528
511 + 512	515 + 516	519 + 520	523 + 524		

Type DT2 (3 Phase) — 1993 — ASN / Siemens

529 + 530	533 + 534	537 + 538	541 + 542	545 + 546	549 + 550
531 + 532	535 + 536	539 + 540	543 + 544	547 + 548	551 + 552

Type A2.1 (DC) — 1971 — WMD* Rathgeber / Siemens

Ex Munich u-bahn

561 + 562	563 + 564	565 + 566	567 + 568	569 + 570	571 + 572

Type DT3 (3 Phase) — 2003 — Siemens

701 + 702	713 + 714	725 + 726	735 + 736	745 + 746	755 + 756
703 + 704	715 + 716	727 + 728	737 + 738	747 + 748	757 + 758
705 + 706	717 + 718	729 + 730	739 + 740	749 + 750	759 + 760
707 + 708	719 + 720	731 + 732	741 + 742	751 + 752	761 + 762
709 + 710	721 + 722	733 + 734	743 + 744	753 + 754	763 + 764
711 + 712	723 + 724				

Works Cars

A601	1970	Gmeinder	A614	2000	MB/Unimog	A661	1971	Rathgeber
A602	1983	Gmeinder	A615	2003	Windhoff	A671	1998	Talbot
A611	1976	Schoma	A651	1971	Rathgeber	A672	2000	Ferrostahl
A612	1993	MB/Unimog	A652	1983	Rathgeber	A681	1976	Schoma
A613	1998	Robel	A653	1997	Windhoff	A682	2003	Windhoff

Oslo   49km   1435mm   Oslo Sporveier (Tbanen)

Type 500 — 1946 — NEBB/Skabo

501					

Type 600 — 1951-1955 — NEBB/Skabo

601	604	609	610	611	612
603	605				

Type T1-2 — 1964-1965 — Strommen/HOKA/AEG

1001	1007	1014	1018	1022	1026
1002	1009	1015	1019	1023	1028
1003	1010	1016	1020	1024	1029
1004	1011	1017	1021	1025	1030
1005	1012				

Type T1-1 — 1964-1967 — Strommen/HOKA/AEG

1006	1038	1049	1060	1071	1081
1008	1039	1050	1061	1072	1082
1013	1040	1051	1062	1073	1083
1027	1041	1052	1063	1074	1084
1031	1042	1053	1064	1075	1085
1032	1043	1054	1065	1076	1086
1033	1044	1055	1066	1077	1087
1034	1045	1056	1067	1078	1088
1035	1046	1057	1068	1079	1089
1036	1047	1058	1069	1080	1090
1037	1048	1059	1070		

Type T2 — 1967 — Strommen/HOKA/AEG

1091	1094	1097	1100	1102	1104
1092	1095	1098	1101	1103	1105
1093	1096	1099			

Type T3 — 1969-1972 — Strommen/AEG

1106	1111	1116	1121	1126	1131
1107	1112	1117	1122	1127	1132
1108	1113	1118	1123	1128	1133
1109	1114	1119	1124	1129	1134
1110	1115	1120	1125	1130	1135

Type T4 — 1975-1976 — Strommen/AEG

1136	1138	1140	1142	1144	1146
1137	1139	1141	1143	1145	

Type T5 — 1978 — Strommen/AEG

1301	1304	1307	1310	1313	1316
1302	1305	1308	1311	1314	1317
1303	1306	1309	1312	1315	1318

Type T6 — 1980-1981 — Strommen/AEG

1319	1322	1325	1328	1330	1332
1320	1323	1326	1329	1331	1333
1321	1324	1327			

Type T7 — 1976-1977 — Strommen/AEG

1334	1336	1338	1340	1342	1343
1335	1337	1339	1341		

Oslo (cont)

Type T8			1976-1977		Strommen/AEG
1344	1345	1346	1347	1348	1349

Type T2000			1994		ABB/Strommen/MAN/AEG
2001	2003	2005	2007	2009	2011
2002	2004	2006	2008	2010	2012

MX3000 DM+T+DT		2005-2008		Siemens
3101 + 3201 + 3301	3112 + 3212 + 3312	3123 + 3223 + 3323	3134 + 3234 + 3334	
3102 + 3202 + 3302	3113 + 3213 + 3313	3124 + 3224 + 3324	3135 + 3235 + 3335	
3103 + 3203 + 3303	3114 + 3214 + 3314	3125 + 3225 + 3325	3136 + 3236 + 3336	
3104 + 3204 + 3304	3115 + 3215 + 3315	3126 + 3226 + 3326	3137 + 3237 + 3337	
3105 + 3205 + 3305	3116 + 3216 + 3316	3127 + 3227 + 3327	3138 + 3238 + 3338	
3106 + 3206 + 3306	3117 + 3217 + 3317	3128 + 3228 + 3328	3139 + 3239 + 3339	
3107 + 3207 + 3307	3118 + 3218 + 3318	3129 + 3229 + 3329	3140 + 3240 + 3340	
3108 + 3208 + 3308	3119 + 3219 + 3319	3130 + 3230 + 3330	3141 + 3241 + 3341	
3109 + 3209 + 3309	3120 + 3220 + 3320	3131 + 3231 + 3331	3142 + 3242 + 3342	
3110 + 3210 + 3310	3121 + 3221 + 3321	3132 + 3232 + 3332	3143 + 3243 + 3343	
3111 + 3211 + 3311	3122 + 3222 + 3322	3133 + 3233 + 3333		

Palma de Mallorca (Spain) 8.3km 1000mm SFM

Class 71			2007		CAF
71-01	71-03	71-05	71-06	71-07	71-08
71-02	71-04				

Paris	201.4km	1435mm	RATP

Metro Routes and Stock

Line	Stock	From	To
1	MP89 / MP05	Chateau de Vincennes	La Defense
2	MF67 / MF2000	Port Dauphine	Nation
3	MF67	Pont de Levallois Becon	Gallieni
3bis	MF67	Port des Lilas	Gambetta
4	MP59 / MP89*	Porte de Cligancourt	Porte d'Orleans
5	MF67	Bobigny Pablo Picasso	Place d'Italie
6	MP73	Charles de Gaulle Etoile	Nation
7	MF77	La Courneuve - 8 Mai 1945	Maison Blanche - Louis Aragon / Maire D'Ivry
7bis	MF88	Louis Blanc	Pre Saint-Gervais
8	MF77	Balard	Prefecture
9	MF67	Pont de Sevres	Mairie de Montreuil
10	MF67	Boulogne Pont de Saint-Cloud	Gare d'Austerlitz
11	MP59	Chatelet	Mairie des Lilas
12	MF67	Porte de la Chapelle	Mairie d'Issy
13	MF77	Asnières	Brochant - Guy Môquet / Montrouge
14	MP89	Saint-Lazare	Olympiades

* - MP89 stock will be cascaded from Line 1 following the introduction of MP05 stock. The Line 4 MP59 stock will then be either withdrawn or cascaded to Line 11.

Wheel Types
MF stock runs on metal wheels (Fer).
MP stock runs on Pneumatic Tyres (Pneumonie).

Formations
The older stock (MP59 & MP67) now operates in mixed formations with the set number being derived from the now declassified Trailer First Cars. For MP59 stock these are the 60xx cars whilst with MF67 stock they are the 12xxx cars.
MP73 trains are mainly formed as 35xx + 70xx + 65xx + 45xx + 35yy where the set number is derived from the now declassified Trailer First (65xx) and yy is xx+1.
MF77 trains are mainly formed as 30xxx + 32xxx + 31xxx + 32yyy + 30yyy where the set number is derived from car 31xxx and yyy is xxx+1.
Following a visit to Paris recorded formations are listed from page xxxx

Type MP59A		1963-68				CIMT
3037	3052	3067	3083	3098	3114	
3038	3053	3068	3084	3099	3115	
3039	3054	3069	3085	3100	3116	
3040	3055	3070	3086	3101	3117	
3041	3056	3071	3087	3102	3118	
3042	3057	3072	3088	3103	3119	
3043	3058	3074	3089	3104	3120	
3044	3059	3075	3090	3105	3121	
3045	3060	3076	3091	3106	3122	
3046	3061	3077	3092	3108	3123	
3047	3062	3078	3093	3109	3124	
3048	3063	3079	3094	3110	3125	
3049	3064	3080	3095	3111	3126	
3050	3065	3081	3096	3112	3127	
3051	3066	3082	3097	3113	3128	

Type MP59B		1963-68				CIMT
3129	3134	3140	3145	3150	3155	
3130	3135	3141	3146	3151	3156	
3131	3136	3142	3147	3152	3157	
3132	3138	3143	3148	3153	3158	
3133	3139	3144	3149	3154		

Paris (cont)

Type MP59C — 1963-68 — CIMT

3159	3172	3183	3194	3205	3215
3160	3173	3184	3195	3206	3216
3161	3174	3185	3196	3207	3217
3164	3175	3186	3197	3208	3218
3165	3176	3187	3198	3209	3219
3166	3177	3188	3199	3210	3220
3167	3178	3189	3200	3211	3221
3168	3179	3190	3201	3212	3222
3169	3180	3191	3202	3213	3223
3170	3181	3192	3203	3214	3224
3171	3182	3193	3204		

Type MP59D — 1963-68 — CIMT

3225	3228	3231	3234	3237	3239
3226	3229	3232	3235	3238	3240
3227	3230	3233	3236		

Type MP73 — 1974-76 — CIMT/ANF

3501	3518	3535	3552	3569	3586
3502	3519	3536	3553	3570	3587
3503	3520	3537	3554	3571	3588
3504	3521	3538	3555	3572	3589
3505	3522	3539	3556	3573	3590
3506	3523	3540	3557	3574	3591
3507	3524	3541	3558	3575	3592
3508	3525	3542	3559	3576	3593
3509	3526	3543	3560	3577	3594
3510	3527	3544	3561	3578	3595
3511	3528	3545	3562	3579	3596
3512	3529	3546	3563	3580	3597
3513	3530	3547	3564	3581	3598
3514	3531	3548	3565	3582	3599
3515	3532	3549	3566	3583	3600
3516	3533	3550	3567	3584	3601
3517	3534	3551	3568	3585	3602

Type MP59A — 1963-68 — CIMT

4019	4034	4049	4064	4081	4096
4020	4035	4050	4065	4082	4097
4021	4036	4051	4066	4083	4098
4022	4037	4052	4067	4084	4099
4023	4038	4053	4068	4085	4100
4024	4039	4054	4070	4086	4101
4025	4040	4055	4071	4087	4102
4026	4041	4056	4072	4088	4103
4027	4042	4057	4073	4089	4104
4028	4043	4058	4074	4090	4105
4029	4044	4059	4075	4091	4106
4030	4045	4060	4076	4092	4107
4031	4046	4061	4078	4093	4108
4032	4047	4062	4079	4094	4109
4033	4048	4063	4080	4095	4110

Paris (cont)

Type MP59B — 1963-68 — CIMT

4111	4116	4121	4127	4131	4137
4112	4117	4123	4128	4133	4138
4113	4118	4125	4129	4135	4139
4114	4119	4126	4130	4136	4140
4115	4120				

Type MP59C — 1963-68 — CIMT

4141	4153	4164	4175	4185	4195
4142	4154	4165	4177	4186	4197
4143	4155	4167	4178	4187	4199
4145	4157	4168	4179	4188	4201
4147	4158	4169	4180	4189	4203
4148	4159	4171	4181	4190	4204
4149	4160	4173	4183	4191	4205
4150	4161	4174	4184	4193	4206
4151	4163				

Type MP59D — 1963-68 — CIMT

4207	4210	4213	4216	4219	4221
4208	4211	4214	4217	4220	4222
4209	4212	4215	4218		

Type MP73 — 1974-76 — CIMT/ANF

4501	4510	4518	4526	4534	4542
4502	4511	4519	4527	4535	4543
4503	4512	4520	4528	4536	4544
4504	4513	4521	4529	4537	4545
4505	4514	4522	4530	4538	4546
4506	4515	4523	4531	4539	4547
4507	4516	4524	4532	4540	4548
4508	4517	4525	4533	4541	4549
4509					

Type MP59A — 1963-68 — CIMT

5518	5526	5534	5542	5550	5557
5519	5527	5535	5543	5551	5558
5520	5528	5536	5544	5552	5559
5521	5529	5537	5545	5553	5560
5522	5530	5538	5546	5554	5561
5523	5531	5539	5547	5555	5562
5524	5532	5540	5548	5556	5563
5525	5533	5541	5549		

Type MP59B — 1963-68 — CIMT

5564	5566	5569	5571	5574	5576
5565	5568	5570	5572	5575	

Type MP59C — 1963-68 — CIMT

5577	5580	5586	5589	5600	5605
5578	5582	5587	5591	5601	5607
5579	5585	5588	5599		

Type MP59D — 1963-68 — CIMT

5608	5610	5612	5613	5614	5615
5609					

Paris (cont)

Type MP59A — 1963-68 — CIMT

6001	6009	6017	6025	6033	6040	
6002	6010	6018	6026	6034	6041	
6003	6011	6019	6027	6035	6042	
6004	6012	6020	6028	6036	6043	
6005	6013	6021	6029	6037	6044	
6006	6014	6022	6030	6038	6045	
6007	6015	6023	6031	6039	6046	
6008	6016	6024	6032			

Type MP59B — 1963-68 — CIMT

6047	6050	6052	6054	6056	6058
6048	6051	6053	6055	6057	6059
6049					

Type MP59C — 1963-68 — CIMT

6060	6066	6071	6076	6081	6086
6061	6067	6072	6077	6082	6087
6062	6068	6073	6078	6083	6088
6063	6069	6074	6079	6084	6089
6064	6070	6075	6080	6085	6090
6065					

Type MP59D — 1963-68 — CIMT

6091	6093	6095	6097	6099	6100
6092	6094	6096	6098		

Type MP73 — 1974-76 — CIMT/ANF

6501	6510	6518	6526	6534	6543
6502	6511	6519	6527	6535	6544
6503	6512	6520	6528	6536	6545
6505	6513	6521	6529	6537	6546
6506	6514	6522	6530	6538	6547
6507	6515	6523	6531	6539	6548
6508	6516	6524	6532	6540	6549
6509	6517	6525	6533	6542	

Type MP73 — 1974-76 — CIMT/ANF

7001	7011	7019	7027	7035	7043
7003	7012	7020	7028	7036	7044
7005	7013	7021	7029	7037	7045
7006	7014	7022	7030	7038	7046
7007	7015	7023	7031	7039	7047
7008	7016	7024	7032	7040	7048
7009	7017	7025	7033	7041	7049
7010	7018	7026	7034	7042	7050

Paris (cont)

Type MF67A — 1968-71 — CIMT

9011	9037	9063	9089	9115	9141
9012	9038	9064	9090	9116	9142
9013	9039	9065	9091	9117	9143
9014	9040	9066	9092	9118	9144
9015	9041	9067	9093	9119	9145
9016	9042	9068	9094	9120	9146
9017	9043	9069	9095	9121	9147
9018	9044	9070	9096	9122	9148
9019	9045	9071	9097	9123	9149
9020	9046	9072	9098	9124	9150
9021	9047	9073	9099	9125	9151
9022	9048	9074	9100	9126	9152
9023	9049	9075	9101	9127	9153
9024	9050	9076	9102	9128	9154
9025	9051	9077	9103	9129	9155
9026	9052	9078	9104	9130	9156
9027	9053	9079	9105	9131	9157
9028	9054	9080	9106	9132	9158
9029	9055	9081	9107	9133	9159
9030	9056	9082	9108	9134	9160
9031	9057	9083	9109	9135	9161
9032	9058	9084	9110	9136	9162
9033	9059	9085	9111	9137	9163
9034	9060	9086	9112	9138	9164
9035	9061	9087	9113	9139	9165
9036	9062	9088	9114	9140	9166

Type MF67A — 1968-71 — CIMT

10001	10030	10057	10084	10111	10138
10002	10031	10058	10085	10112	10139
10003	10032	10059	10086	10113	10140
10004	10033	10060	10087	10114	10141
10005	10034	10061	10088	10115	10142
10006	10035	10062	10089	10116	10143
10007	10036	10063	10090	10117	10144
10008	10037	10064	10091	10118	10145
10011	10038	10065	10092	10119	10146
10012	10039	10066	10093	10120	10147
10013	10040	10067	10094	10121	10148
10014	10041	10068	10095	10122	10149
10015	10042	10069	10096	10123	10150
10016	10043	10070	10097	10124	10151
10017	10044	10071	10098	10125	10152
10018	10045	10072	10099	10126	10153
10019	10046	10073	10100	10127	10154
10020	10047	10074	10101	10128	10155
10021	10048	10075	10102	10129	10156
10022	10049	10076	10103	10130	10157
10023	10050	10077	10104	10131	10158
10024	10051	10078	10105	10132	10159
10025	10052	10079	10106	10133	10160
10026	10053	10080	10107	10134	10161
10027	10054	10081	10108	10135	10162
10028	10055	10082	10109	10136	10163
10029	10056	10083	10110	10137	10164

Paris (cont)

Type MF67A — 1968-71 — CIMT

10165	10175	10184	10193	10202	10211
10166	10176	10185	10194	10203	10212
10167	10177	10186	10195	10204	10213
10168	10178	10187	10196	10205	10214
10169	10179	10188	10197	10206	10215
10170	10180	10189	10198	10207	10216
10171	10181	10190	10199	10208	10217
10172	10182	10191	10200	10209	10218
10173	10183	10192	10201	10210	10219
10174					

Type MF67C — 1971-73 — CIMT

10220	10222	10224	10225	10226	10227
10221	10223				

Type MF67E — 1975-76 — CIMT

10301	10321	10340	10359	10378	10397
10302	10322	10341	10360	10379	10398
10303	10323	10342	10361	10380	10399
10304	10324	10343	10362	10381	10400
10305	10325	10344	10363	10382	10401
10306	10326	10345	10364	10383	10402
10307	10327	10346	10365	10384	10403
10308	10328	10347	10366	10385	10404
10309	10329	10348	10367	10386	10405
10311	10330	10349	10368	10387	10406
10312	10331	10350	10369	10388	10407
10313	10332	10351	10370	10389	10408
10314	10333	10352	10371	10390	10409
10315	10334	10353	10372	10391	10410
10316	10335	10354	10373	10392	10411
10317	10336	10355	10374	10393	10412
10318	10337	10356	10375	10394	10413
10319	10338	10357	10376	10395	10414
10320	10339	10358	10377	10396	

Type MF67F — 1976-78 — CIMT

10501	10519	10536	10553	10571	10588
10502	10520	10537	10554	10572	10589
10503	10521	10538	10555	10573	10590
10504	10522	10539	10556	10574	10591
10505	10523	10540	10557	10575	10592
10506	10524	10541	10558	10576	10593
10507	10525	10542	10559	10577	10594
10508	10526	10543	10561	10578	10595
10509	10527	10544	10562	10579	10596
10510	10528	10545	10563	10580	10597
10511	10529	10546	10564	10581	10598
10512	10530	10547	10565	10582	10599
10513	10531	10548	10566	10583	10600
10514	10532	10549	10567	10584	10601
10515	10533	10550	10568	10585	10602
10516	10534	10551	10569	10586	10603
10517	10535	10552	10570	10587	10604
10518					

Paris (cont)

Type MF67A — 1968-71 — CIMT

11001	11021	11037	11053	11069	11085	
11002	11022	11038	11054	11070	11086	
11004	11023	11039	11055	11071	11087	
11006	11024	11040	11056	11072	11088	
11007	11025	11041	11057	11073	11089	
11008	11026	11042	11058	11074	11090	
11011	11027	11043	11059	11075	11091	
11012	11028	11044	11060	11076	11092	
11013	11029	11045	11061	11077	11093	
11014	11030	11046	11062	11078	11094	
11015	11031	11047	11063	11079	11095	
11016	11032	11048	11064	11080	11096	
11017	11033	11049	11065	11081	11097	
11018	11034	11050	11066	11082	11098	
11019	11035	11051	11067	11083	11099	
11020	11036	11052	11068	11084		

Type MF67A 5 Car Units — 1968-71 — CIMT

11100	11116	11136	11152	11168	11184	
11101	11117	11137	11153	11169	11185	
11102	11118	11138	11154	11170	11186	
11103	11119	11139	11155	11171	11187	
11104	11120	11140	11156	11172	11188	
11105	11121	11141	11157	11173	11189	
11106	11122	11142	11158	11174	11190	
11107	11123	11143	11159	11175	11191	
11108	11124	11144	11160	11176	11192	
11109	11125	11145	11161	11177	11193	
11110	11126	11146	11162	11178	11194	
11111	11127	11147	11163	11179	11195	
11112	11128	11148	11164	11180	11196	
11113	11129	11149	11165	11181	11197	
11114	11130	11150	11166	11182	11198	
11115	11135	11151	11167	11183	11199	

Type MF67A — 1968-71 — CIMT

11200	11206	11212	11218	11224	11230
11201	11207	11213	11219	11225	11231
11202	11208	11214	11220	11227	11232
11203	11209	11215	11221	11228	11233
11204	11210	11216	11222	11229	11234
11205	11211	11217	11223		

Type MF67E — 1975-76 — CIMT

11301	11311	11321	11330	11339	11348
11302	11312	11322	11331	11340	11349
11303	11313	11323	11332	11341	11350
11304	11314	11324	11333	11342	11351
11305	11315	11325	11334	11343	11352
11306	11316	11326	11335	11344	11353
11307	11317	11327	11336	11345	11354
11308	11318	11328	11337	11346	11355
11309	11319	11329	11338	11347	11356
11310	11320				

Paris (cont)

Type MF67F — 1976-78 — CIMT

11501	11510	11519	11528	11536	11544
11502	11511	11520	11529	11537	11545
11503	11512	11521	11530	11538	11546
11504	11513	11522	11531	11539	11547
11505	11514	11523	11532	11540	11548
11506	11515	11524	11533	11541	11549
11507	11516	11525	11534	11542	11550
11508	11517	11526	11535	11543	11551
11509	11518	11527			

Type MF67A — 1968-71 — CIMT

12001	12024	12040	12055	12070	12085
12002	12025	12041	12056	12071	12086
12004	12026	12042	12057	12072	12087
12011	12027	12043	12058	12073	12088
12012	12028	12044	12059	12074	12089
12013	12029	12045	12060	12075	12090
12014	12030	12046	12061	12076	12091
12015	12031	12047	12062	12077	12092
12016	12032	12048	12063	12078	12093
12017	12033	12049	12064	12079	12094
12018	12034	12050	12065	12080	12095
12019	12035	12051	12066	12081	12096
12020	12036	12052	12067	12082	12097
12021	12037	12053	12068	12083	12098
12022	12038	12054	12069	12084	12099
12023	12039				

Type MF67A — 1968-71 — CIMT

12100	12106	12112	12118	12123	12128
12101	12107	12113	12119	12124	12129 (11131)
12102	12108	12114	12120	12125	12130 (11132)
12103	12109	12115	12121	12126	12131 (11133)
12104	12110	12116	12122	12127	12132 (11134)
12105	12111	12117			

Type MF67A — 1968-71 — CIMT

13011	13016	13021	13026	13031	13036
13012	13017	13022	13027	13032	13037
13013	13018	13023	13028	13033	13038
13014	13019	13024	13029	13034	13039
13015	13020	13025	13030	13035	13040

Type MF67A — 1968-71 — CIMT

13041	13046	13051	13056	13062	13068
13042	13047	13052	13057	13063	13071
13043	13048	13053	13058	13064	13072
13044	13049	13054	13059	13065	13073
13045	13050	13055	13060	13066	

Paris (cont)

Type MF67E — 1975-76 — CIMT

13301	13311	13321	13330	13339	13348	
13302	13312	13322	13331	13340	13349	
13303	13313	13323	13332	13341	13350	
13304	13314	13324	13333	13342	13351	
13305	13315	13325	13334	13343	13352	
13306	13316	13326	13335	13344	13353	
13307	13317	13327	13336	13345	13354	
13308	13318	13328	13337	13346	13355	
13309	13319	13329	13338	13347	13356	
13310	13320					

Type MF67F — 1976-78 — CIMT

13501	13510	13519	13528	13536	13544
13502	13511	13520	13529	13537	13545
13503	13512	13521	13530	13538	13546
13504	13513	13522	13531	13539	13547
13505	13514	13523	13532	13540	13548
13506	13515	13524	13533	13541	13549
13507	13516	13525	13534	13542	13550
13508	13517	13526	13535	13543	13551
13509	13518	13527			

Type MF67A — 1968-71 — CIMT

14001	14025	14040	14055	14070	14085
14002	14026	14041	14056	14071	14086
14011	14027	14042	14057	14072	14087
14012	14028	14043	14058	14073	14088
14013	14029	14044	14059	14074	14089
14014	14030	14045	14060	14075	14090
14015	14031	14046	14061	14076	14091
14016	14032	14047	14062	14077	14092
14017	14033	14048	14063	14078	14093
14018	14034	14049	14064	14079	14094
14019	14035	14050	14065	14080	14095
14020	14036	14051	14066	14081	14096
14021	14037	14052	14067	14082	14097
14022	14038	14053	14068	14083	14098
14023	14039	14054	14069	14084	14099
14024					

Type MF67A — 1968-71 — CIMT

14100	14106	14112	14118	14124	14130
14101	14107	14113	14119	14125	14131
14102	14108	14114	14120	14126	14132
14103	14109	14115	14121	14127	14133
14104	14110	14116	14122	14128	14134
14105	14111	14117	14123	14129	14135

Type MF67A — 1968-71 — CIMT

14136	14140	14144	14148	14152	14156 (13061)
14137	14141	14145	14149	14153	14157 (13067)
14138	14142	14146	14150	14154	14158 (13069)
14139	14143	14147	14151	14155	14159

Paris (cont)

Type MF67E — 1975-76 — CIMT

14301	14311	14321	14330	14339	14348
14302	14312	14322	14331	14340	14349
14303	14313	14323	14332	14341	14350
14304	14314	14324	14333	14342	14351
14305	14315	14325	14334	14343	14352
14306	14316	14326	14335	14344	14353
14307	14317	14327	14336	14345	14354
14308	14318	14328	14337	14346	14355
14309	14319	14329	14338	14347	14356
14310	14320				

Type MF67F — 1976-78 — CIMT

14501	14510	14519	14528	14536	14544
14502	14511	14520	14529	14537	14545
14503	14512	14521	14530	14538	14546
14504	14513	14522	14531	14539	14547
14505	14514	14523	14532	14540	14548
14506	14515	14524	14533	14541	14549
14507	14516	14525	14534	14542	14550
14508	14517	14526	14535	14543	14551
14509	14518	14527			

Type MF77 — 1978-86 — SFB

M30001	M30014	M30027	M30039	M30051	M30063
M30002	M30015	M30028	M30040	M30052	M30064
M30003	M30016	M30029	M30041	M30053	M30065
M30004	M30017	M30030	M30042	M30054	M30066
M30005	M30018	M30031	M30043	M30055	M30067
M30006	M30019	M30032	M30044	M30056	M30068
M30007	M30020	M30033	M30045	M30057	M30069
M30008	M30021	M30034	M30046	M30058	M30070
M30009	M30022	M30035	M30047	M30059	M30071
M30010	M30023	M30036	M30048	M30060	M30072
M30011	M30024	M30037	M30049	M30061	M30073
M30012	M30025	M30038	M30050	M30062	M30074
M30013	M30026				

Type MF77 — 1978-86 — Alstom

M30075	M30083	M30091	M30098	M30105	M30112
M30076	M30084	M30092	M30099	M30106	M30113
M30077	M30085	M30093	M30100	M30107	M30114
M30078	M30086	M30094	M30101	M30108	M30115
M30079	M30087	M30095	M30102	M30109	M30116
M30080	M30088	M30096	M30103	M30110	M30117
M30081	M30089	M30097	M30104	M30111	M30118
M30082	M30090				

Type MF77 — 1978-86 — SFB

M30119	M30126	M30133	M30140	M30146	M30152
M30120	M30127	M30134	M30141	M30147	M30153
M30121	M30128	M30135	M30142	M30148	M30155
M30122	M30129	M30136	M30143	M30149	M30156
M30123	M30130	M30137	M30144	M30150	M30157
M30124	M30131	M30138	M30145	M30151	M30158
M30125	M30132	M30139			

Paris (cont)

Type MF77			1978-86			Alstom
M30159	M30169	M30179	M30189	M30199	M30209	
M30160	M30170	M30180	M30190	M30200	M30210	
M30161	M30171	M30181	M30191	M30201	M30211	
M30162	M30172	M30182	M30192	M30202	M30212	
M30163	M30173	M30183	M30193	M30203	M30213	
M30164	M30174	M30184	M30194	M30204	M30214	
M30165	M30175	M30185	M30195	M30205	M30215	
M30166	M30176	M30186	M30196	M30206	M30216	
M30167	M30177	M30187	M30197	M30207	M30217	
M30168	M30178	M30188	M30198	M30208	M30218	

Type MF77			1978-86			SFB
M30219	M30225	M30231	M30237	M30243	M30248	
M30220	M30226	M30232	M30238	M30244	M30249	
M30221	M30227	M30233	M30239	M30245	M30250	
M30222	M30228	M30234	M30240	M30246	M30251	
M30223	M30229	M30235	M30241	M30247	M30252	
M30224	M30230	M30236	M30242			

Type MF77			1978-86			Alstom
M30253	M30260	M30267	M30274	M30281	M30288	
M30254	M30261	M30268	M30275	M30282	M30289	
M30255	M30262	M30269	M30276	M30283	M30290	
M30256	M30263	M30270	M30277	M30284	M30291	
M30257	M30264	M30271	M30278	M30285	M30292	
M30258	M30265	M30272	M30279	M30286	M30293	
M30259	M30266	M30273	M30280	M30287	M30294	

Type MF77			1978-86			SFB
M30295	M30301	M30307	M30313	M30319	M30324	
M30296	M30302	M30308	M30314	M30320	M30325	
M30297	M30303	M30309	M30315	M30321	M30326	
M30298	M30304	M30310	M30316	M30322	M30327	
M30299	M30305	M30311	M30317	M30323	M30328	
M30300	M30306	M30312	M30318			

Type MF77			1978-86			Alstom
M30329	M30335	M30341	M30347	M30353	M30359	
M30330	M30336	M30342	M30348	M30354	M30360	
M30331	M30337	M30343	M30349	M30355	M30361	
M30332	M30338	M30344	M30350	M30356	M30362	
M30333	M30339	M30345	M30351	M30357	M30363	
M30334	M30340	M30346	M30352	M30358	M30364	

Type MF77			1978-86			SFB
M30365	M30366	M30367	M30368	M30369	M30370	

Type MF77			1978-86			Alstom
M30371	M30375	M30379	M30383	M30387	M30391	
M30372	M30376	M30380	M30384	M30388	M30392	
M30373	M30377	M30381	M30385	M30389	M30393	
M30374	M30378	M30382	M30386	M30390	M30394	

Paris (cont)

Type MF77 — 1978-86 — SFB

NA31001	NA31008	NA31014	NA31020	NA31026	NA31032
NA31002	NA31009	NA31015	NA31021	NA31027	NA31033
NA31003	NA31010	NA31016	NA31022	NA31028	NA31034
NA31004	NA31011	NA31017	NA31023	NA31029	NA31035
NA31005	NA31012	NA31018	NA31024	NA31030	NA31036
NA31006	NA31013	NA31019	NA31025	NA31031	NA31037
NA31007					

Type MF77 — 1978-86 — Alstom

NA31038	NA31042	NA31046	NA31050	NA31054	NA31057
NA31039	NA31043	NA31047	NA31051	NA31055	NA31058
NA31040	NA31044	NA31048	NA31052	NA31056	NA31059
NA31041	NA31045	NA31049	NA31053		

Type MF77 — 1978-86 — SFB

NA31060	NA31064	NA31068	NA31071	NA31074	NA31077
NA31061	NA31065	NA31069	NA31072	NA31075	NA31078
NA31062	NA31066	NA31070	NA31073	NA31076	NA31079
NA31063	NA31067				

Type MF77 — 1978-86 — Alstom

NA31080	NA31085	NA31090	NA31095	NA31100	NA31105
NA31081	NA31086	NA31091	NA31096	NA31101	NA31106
NA31082	NA31087	NA31092	NA31097	NA31102	NA31107
NA31083	NA31088	NA31093	NA31098	NA31103	NA31108
NA31084	NA31089	NA31094	NA31099	NA31104	NA31109

Type MF77 — 1978-86 — SFB

NA31110	NA31113	NA31116	NA31119	NA31122	NA31125
NA31111	NA31114	NA31117	NA31120	NA31123	NA31126
NA31112	NA31115	NA31118	NA31121	NA31124	

Type MF77 — 1978-86 — Alstom

NA31127	NA31131	NA31135	NA31139	NA31142	NA31145
NA31128	NA31132	NA31136	NA31140	NA31143	NA31146
NA31129	NA31133	NA31137	NA31141	NA31144	NA31147
NA31130	NA31134	NA31138			

Type MF77 — 1978-86 — SFB

NA31148	NA31151	NA31154	NA31157	NA31160	NA31163
NA31149	NA31152	NA31155	NA31158	NA31161	NA31164
NA31150	NA31153	NA31156	NA31159	NA31162	

Type MF77 — 1978-86 — Alstom

NA31165	NA31168	NA31171	NA31174	NA31177	NA31180
NA31166	NA31169	NA31172	NA31175	NA31178	NA31181
NA31167	NA31170	NA31173	NA31176	NA31179	NA31182

Type MF77 — 1978-86 — SFB

NA31183	NA31184	NA31185			

Type MF77 — 1978-86 — Alstom

NA31186	NA31188	NA31190	NA31192	NA31194	NA31196
NA31187	NA31189	NA31191	NA31193	NA31195	NA31197

Paris (cont)

Type MF77 — 1978-86 — SFB

B32001	B32014	B32027	B32039	B32051	B32063	
B32002	B32015	B32028	B32040	B32052	B32064	
B32003	B32016	B32029	B32041	B32053	B32065	
B32004	B32017	B32030	B32042	B32054	B32066	
B32005	B32018	B32031	B32043	B32055	B32067	
B32006	B32019	B32032	B32044	B32056	B32068	
B32007	B32020	B32033	B32045	B32057	B32069	
B32008	B32021	B32034	B32046	B32058	B32070	
B32009	B32022	B32035	B32047	B32059	B32071	
B32010	B32023	B32036	B32048	B32060	B32072	
B32011	B32024	B32037	B32049	B32061	B32073	
B32012	B32025	B32038	B32050	B32062	B32074	
B32013	B32026					

Type MF77 — 1978-86 — Alstom

B32075	B32083	B32091	B32098	B32105	B32112
B32076	B32084	B32092	B32099	B32106	B32113
B32077	B32085	B32093	B32100	B32107	B32114
B32078	B32086	B32094	B32101	B32108	B32115
B32079	B32087	B32095	B32102	B32109	B32116
B32080	B32088	B32096	B32103	B32110	B32117
B32081	B32089	B32097	B32104	B32111	B32118
B32082	B32090				

Type MF77 — 1978-86 — SFB

B32119	B32126	B32133	B32140	B32146	B32152
B32120	B32127	B32134	B32141	B32147	B32153
B32121	B32128	B32135	B32142	B32148	B32155
B32122	B32129	B32136	B32143	B32149	B32156
B32123	B32130	B32137	B32144	B32150	B32157
B32124	B32131	B32138	B32145	B32151	B32158
B32125	B32132	B32139			

Type MF77 — 1978-86 — Alstom

B32159	B32169	B32179	B32189	B32199	B32209
B32160	B32170	B32180	B32190	B32200	B32210
B32161	B32171	B32181	B32191	B32201	B32211
B32162	B32172	B32182	B32192	B32202	B32212
B32163	B32173	B32183	B32193	B32203	B32213
B32164	B32174	B32184	B32194	B32204	B32214
B32165	B32175	B32185	B32195	B32205	B32215
B32166	B32176	B32186	B32196	B32206	B32216
B32167	B32177	B32187	B32197	B32207	B32217
B32168	B32178	B32188	B32198	B32208	B32218

Type MF77 — 1978-86 — SFB

B32219	B32225	B32231	B32237	B32243	B32248
B32220	B32226	B32232	B32238	B32244	B32249
B32221	B32227	B32233	B32239	B32245	B32250
B32222	B32228	B32234	B32240	B32246	B32251
B32223	B32229	B32235	B32241	B32247	B32252
B32224	B32230	B32236	B32242		

Paris (cont)

Type MF77 — 1978-86 — Alstom

B32253	B32260	B32267	B32274	B32281	B32288
B32254	B32261	B32268	B32275	B32282	B32289
B32255	B32262	B32269	B32276	B32283	B32290
B32256	B32263	B32270	B32277	B32284	B32291
B32257	B32264	B32271	B32278	B32285	B32292
B32258	B32265	B32272	B32279	B32286	B32293
B32259	B32266	B32273	B32280	B32287	B32294

Type MF77 — 1978-86 — SFB

B32295	B32301	B32307	B32313	B32319	B32324
B32296	B32302	B32308	B32314	B32320	B32325
B32297	B32303	B32309	B32315	B32321	B32326
B32298	B32304	B32310	B32316	B32322	B32327
B32299	B32305	B32311	B32317	B32323	B32328
B32300	B32306	B32312	B32318		

Type MF77 — 1978-86 — Alstom

B32329	B32335	B32341	B32347	B32353	B32359
B32330	B32336	B32342	B32348	B32354	B32360
B32331	B32337	B32343	B32349	B32355	B32361
B32332	B32338	B32344	B32350	B32356	B32362
B32333	B32339	B32345	B32351	B32357	B32363
B32334	B32340	B32346	B32352	B32358	B32364

Type MF77 — 1978-86 — SFB

B32365	B32366	B32367	B32368	B32369	B32370

Type MF77 — 1978-86 — Alstom

B32371	B32375	B32379	B32383	B32387	B32391
B32372	B32376	B32380	B32384	B32388	B32392
B32373	B32377	B32381	B32385	B32389	B32393
B32374	B32378	B32382	B32386	B32390	B32394

Type MF88 — 1992-94 — Alstom, Faiveley, Renault, ANF

01	88 M 001	88 B 001	88 M 002		06	88 M 011	88 B 006	88 M 012
02	88 M 003	88 B 002	88 M 004		07	88 M 013	88 B 007	88 M 014
03	88 M 005	88 B 003	88 M 006		08	88 M 015	88 B 008	88 M 016
04	88 M 007	88 B 004	88 M 008		09	88 M 017	88 B 009	88 M 018
05	88 M 009	88 B 005	88 M 010					

Paris (cont)

Type MP89CC			1996-2000			Alstom	
01	89 S001	89 N1 001	89 N2 001	89 N2 002	89 N1 002	89 S002
02	89 S003	89 N1 003	89 N2 003	89 N2 004	89 N1 004	89 S004
03	89 S005	89 N1 005	89 N2 005	89 N2 006	89 N1 006	89 S006
04	89 S007	89 N1 007	89 N2 007	89 N2 008	89 N1 008	89 S008
05	89 S009	89 N1 009	89 N2 009	89 N2 010	89 N1 010	89 S010
06	89 S011	89 N1 011	89 N2 011	89 N2 012	89 N1 012	89 S012
07	89 S013	89 N1 013	89 N2 013	89 N2 014	89 N1 014	89 S014
08	89 S015	89 N1 015	89 N2 015	89 N2 016	89 N1 016	89 S016
09	89 S017	89 N1 017	89 N2 017	89 N2 018	89 N1 018	89 S018
10	89 S019	89 N1 019	89 N2 019	89 N2 020	89 N1 020	89 S020
11	89 S021	89 N1 021	89 N2 021	89 N2 022	89 N1 022	89 S022
12	89 S023	89 N1 023	89 N2 023	89 N2 024	89 N1 024	89 S024
13	89 S025	89 N1 025	89 N2 025	89 N2 026	89 N1 026	89 S026
14	89 S027	89 N1 027	89 N2 027	89 N2 028	89 N1 028	89 S028
15	89 S029	89 N1 029	89 N2 029	89 N2 030	89 N1 030	89 S030
16	89 S031	89 N1 031	89 N2 031	89 N2 032	89 N1 032	89 S032
17	89 S033	89 N1 033	89 N2 033	89 N2 034	89 N1 034	89 S034
18	89 S035	89 N1 035	89 N2 035	89 N2 036	89 N1 036	89 S036
19	89 S037	89 N1 037	89 N2 037	89 N2 038	89 N1 038	89 S038
20	89 S039	89 N1 039	89 N2 039	89 N2 040	89 N1 040	89 S040
21	89 S041	89 N1 041	89 N2 041	89 N2 042	89 N1 042	89 S042
22	89 S043	89 N1 043	89 N2 043	89 N2 044	89 N1 044	89 S044
23	89 S045	89 N1 045	89 N2 045	89 N2 046	89 N1 046	89 S046
24	89 S047	89 N1 047	89 N2 047	89 N2 048	89 N1 048	89 S048
25	89 S049	89 N1 049	89 N2 049	89 N2 050	89 N1 050	89 S050
26	89 S051	89 N1 051	89 N2 051	89 N2 052	89 N1 052	89 S052
27	89 S053	89 N1 053	89 N2 053	89 N2 054	89 N1 054	89 S054
28	89 S055	89 N1 055	89 N2 055	89 N2 056	89 N1 056	89 S056
29	89 S057	89 N1 057	89 N2 057	89 N2 058	89 N1 058	89 S058
30	89 S059	89 N1 059	89 N2 059	89 N2 060	89 N1 060	89 S060
31	89 S061	89 N1 061	89 N2 061	89 N2 062	89 N1 062	89 S062
32	89 S063	89 N1 063	89 N2 063	89 N2 064	89 N1 064	89 S064
33	89 S065	89 N1 065	89 N2 065	89 N2 066	89 N1 066	89 S066
34	89 S067	89 N1 067	89 N2 067	89 N2 068	89 N1 068	89 S068
35	89 S069	89 N1 069	89 N2 069	89 N2 070	89 N1 070	89 S070
36	89 S071	89 N1 071	89 N2 071	89 N2 072	89 N1 072	89 S072
37	89 S073	89 N1 073	89 N2 073	89 N2 074	89 N1 074	89 S074
38	89 S075	89 N1 075	89 N2 075	89 N2 076	89 N1 076	89 S076
39	89 S077	89 N1 077	89 N2 077	89 N2 078	89 N1 078	89 S078
40	89 S079	89 N1 079	89 N2 079	89 N2 080	89 N1 080	89 S080
41	89 S081	89 N1 081	89 N2 081	89 N2 082	89 N1 082	89 S082
42	89 S083	89 N1 083	89 N2 083	89 N2 084	89 N1 084	89 S084
43	89 S085	89 N1 085	89 N2 085	89 N2 086	89 N1 086	89 S086
44	89 S087	89 N1 087	89 N2 087	89 N2 088	89 N1 088	89 S088
45	89 S089	89 N1 089	89 N2 089	89 N2 090	89 N1 090	89 S090
46	89 S091	89 N1 091	89 N2 091	89 N2 092	89 N1 092	89 S092
47	89 S093	89 N1 093	89 N2 093	89 N2 094	89 N1 094	89 S094
48	89 S095	89 N1 095	89 N2 095	89 N2 096	89 N1 096	89 S096
49	89 S097	89 N1 097	89 N2 097	89 N2 098	89 N1 098	89 S098
50	89 S099	89 N1 099	89 N2 099	89 N2 100	89 N1 100	89 S100
51	89 S101	89 N1 101	89 N2 101	89 N2 102	89 N1 102	89 S102
52	89 S103	89 N1 103	89 N2 103	89 N2 104	89 N1 104	89 S104

Paris (cont)

Type MP89CA			1996-2000			Alstom
01	89 S 1001	89 N1 1001	89 N2 1001	89 N2 1002	89 N1 1002	89 S 1002
02	89 S 1003	89 N1 1003	89 N2 1003	89 N2 1004	89 N1 1004	89 S 1004
03	89 S 1005	89 N1 1005	89 N2 1005	89 N2 1006	89 N1 1006	89 S 1006
04	89 S 1007	89 N1 1007	89 N2 1007	89 N2 1008	89 N1 1008	89 S 1008
05	89 S 1009	89 N1 1009	89 N2 1009	89 N2 1010	89 N1 1010	89 S 1010
06	89 S 1011	89 N1 1011	89 N2 1011	89 N2 1012	89 N1 1012	89 S 1012
07	89 S 1013	89 N1 1013	89 N2 1013	89 N2 1014	89 N1 1014	89 S 1014
08	89 S 1015	89 N1 1015	89 N2 1015	89 N2 1016	89 N1 1016	89 S 1016
09	89 S 1017	89 N1 1017	89 N2 1017	89 N2 1018	89 N1 1018	89 S 1018
10	89 S 1019	89 N1 1019	89 N2 1019	89 N2 1020	89 N1 1020	89 S 1020
11	89 S 1021	89 N1 1021	89 N2 1021	89 N2 1022	89 N1 1022	89 S 1022
12	89 S 1023	89 N1 1023	89 N2 1023	89 N2 1024	89 N1 1024	89 S 1024
13	89 S 1025	89 N1 1025	89 N2 1025	89 N2 1026	89 N1 1026	89 S 1026
14	89 S 1027	89 N1 1027	89 N2 1027	89 N2 1028	89 N1 1028	89 S 1028
15	89 S 1029	89 N1 1029	89 N2 1029	89 N2 1030	89 N1 1030	89 S 1030
16	89 S 1031	89 N1 1031	89 N2 1031	89 N2 1032	89 N1 1032	89 S 1032
17	89 S 1033	89 N1 1033	89 N2 1033	89 N2 1034	89 N1 1034	89 S 1034
18	89 S 1035	89 N1 1035	89 N2 1035	89 N2 1036	89 N1 1036	89 S 1036
19	89 S 1037	89 N1 1037	89 N2 1037	89 N2 1038	89 N1 1038	89 S 1038
20	89 S 1039	89 N1 1039	89 N2 1039	89 N2 1040	89 N1 1040	89 S 1040
21	89 S 1041	89 N1 1041	89 N2 1041	89 N2 1042	89 N1 1042	89 S 1042

Type MF2000 (MF01)			2007-2016		Alstom / Bombardier / Areva TA	
001	01S1 001	01N1 001	01N3 001	01N2 001	01S2 001	
002	01S1 002	01N1 002	01N3 002	01N2 002	01S2 002	
003	01S1 003	01N1 003	01N3 003	01N2 003	01S2 003	
004	01S1 004	01N1 004	01N3 004	01N2 004	01S2 004	
005	01S1 005	01N1 005	01N3 005	01N2 005	01S2 005	
006	01S1 006	01N1 006	01N3 006	01N2 006	01S2 006	
007	01S1 007	01N1 007	01N3 007	01N2 007	01S2 007	
008	01S1 008	01N1 008	01N3 008	01N2 008	01S2 008	
009	01S1 009	01N1 009	01N3 009	01N2 009	01S2 009	
010	01S1 010	01N1 010	01N3 010	01N2 010	01S2 010	
011	01S1 011	01N1 011	01N3 011	01N2 011	01S2 011	
012	01S1 012	01N1 012	01N3 012	01N2 012	01S2 012	
013	01S1 013	01N1 013	01N3 013	01N2 013	01S2 013	
014	01S1 014	01N1 014	01N3 014	01N2 014	01S2 014	
015	01S1 015	01N1 015	01N3 015	01N2 015	01S2 015	
016	01S1 016	01N1 016	01N3 016	01N2 016	01S2 016	
017	01S1 017	01N1 017	01N3 017	01N2 017	01S2 017	
018	01S1 018	01N1 018	01N3 018	01N2 018	01S2 018	
019	01S1 019	01N1 019	01N3 019	01N2 019	01S2 019	
020	01S1 020	01N1 020	01N3 020	01N2 020	01S2 020	
021	01S1 021	01N1 021	01N3 021	01N2 021	01S2 021	
022	01S1 022	01N1 022	01N3 022	01N2 022	01S2 022	
023	01S1 023	01N1 023	01N3 023	01N2 023	01S2 023	
024	01S1 024	01N1 024	01N3 024	01N2 024	01S2 024	
025	01S1 025	01N1 025	01N3 025	01N2 025	01S2 025	
026	01S1 026	01N1 026	01N3 026	01N2 026	01S2 026	
027	01S1 027	01N1 027	01N3 027	01N2 027	01S2 027	
028	01S1 028	01N1 028	01N3 028	01N2 028	01S2 028	
029	01S1 029	01N1 029	01N3 029	01N2 029	01S2 029	
030	01S1 030	01N1 030	01N3 030	01N2 030	01S2 030	
031	01S1 031	01N1 031	01N3 031	01N2 031	01S2 031	

Paris (cont)

Type MF2000 (MF01)			2007-2016	Alstom / Bombardier / Areva TA		
032	01S1 032	01N1 032	01N3 032	01N2 032	01S2 032	
033	01S1 033	01N1 033	01N3 033	01N2 033	01S2 033	
034	01S1 034	01N1 034	01N3 034	01N2 034	01S2 034	
035	01S1 035	01N1 035	01N3 035	01N2 035	01S2 035	
036	01S1 036	01N1 036	01N3 036	01N2 036	01S2 036	
037	01S1 037	01N1 037	01N3 037	01N2 037	01S2 037	
038	01S1 038	01N1 038	01N3 038	01N2 038	01S2 038	
039	01S1 039	01N1 039	01N3 039	01N2 039	01S2 039	
040	01S1 040	01N1 040	01N3 040	01N2 040	01S2 040	
041	01S1 041	01N1 041	01N3 041	01N2 041	01S2 041	
042	01S1 042	01N1 042	01N3 042	01N2 042	01S2 042	
043	01S1 043	01N1 043	01N3 043	01N2 043	01S2 043	
044	01S1 044	01N1 044	01N3 044	01N2 044	01S2 044	
045	01S1 045	01N1 045	01N3 045	01N2 045	01S2 045	

Type MP05			2010 -			Alstom

Scheduled to come into service on Line 1 MP89 stock, which will go to Line 4 replacing the aging MP59 stock.

501	05 S 501	05 N1 501	05 N2 501	05 N2 502	05 N1 502	05 S 502
502	05 S 503	05 N1 503	05 N2 503	05 N2 504	05 N1 504	05 S 504
503	05 S 505	05 N1 505	05 N2 505	05 N2 506	05 N1 506	05 S 506
504	05 S 507	05 N1 507	05 N2 507	05 N2 508	05 N1 508	05 S 508
505	05 S 509	05 N1 509	05 N2 509	05 N2 510	05 N1 510	05 S 510
506	05 S 511	05 N1 511	05 N2 511	05 N2 512	05 N1 512	05 S 512
507	05 S 513	05 N1 513	05 N2 513	05 N2 514	05 N1 514	05 S 514
508	05 S 515	05 N1 515	05 N2 515	05 N2 516	05 N1 516	05 S 516
509	05 S 517	05 N1 517	05 N2 517	05 N2 518	05 N1 518	05 S 518
510	05 S 519	05 N1 519	05 N2 519	05 N2 520	05 N1 520	05 S 520
511	05 S 521	05 N1 521	05 N2 521	05 N2 522	05 N1 522	05 S 522
512	05 S 523	05 N1 523	05 N2 523	05 N2 524	05 N1 524	05 S 524
513	05 S 525	05 N1 525	05 N2 525	05 N2 526	05 N1 526	05 S 526
514	05 S 527	05 N1 527	05 N2 527	05 N2 528	05 N1 528	05 S 528
515	05 S 529	05 N1 529	05 N2 529	05 N2 530	05 N1 530	05 S 530
516	05 S 531	05 N1 531	05 N2 531	05 N2 532	05 N1 532	05 S 532
517	05 S 533	05 N1 533	05 N2 533	05 N2 534	05 N1 534	05 S 534
518	05 S 535	05 N1 535	05 N2 535	05 N2 536	05 N1 536	05 S 536
519	05 S 537	05 N1 537	05 N2 537	05 N2 538	05 N1 538	05 S 538
520	05 S 539	05 N1 539	05 N2 539	05 N2 540	05 N1 540	05 S 540
521	05 S 541	05 N1 541	05 N2 541	05 N2 542	05 N1 542	05 S 542
522	05 S 543	05 N1 543	05 N2 543	05 N2 544	05 N1 544	05 S 544
523	05 S 545	05 N1 545	05 N2 545	05 N2 546	05 N1 546	05 S 546
524	05 S 547	05 N1 547	05 N2 547	05 N2 548	05 N1 548	05 S 548
525	05 S 549	05 N1 549	05 N2 549	05 N2 550	05 N1 550	05 S 550
526	05 S 551	05 N1 551	05 N2 551	05 N2 552	05 N1 552	05 S 552
527	05 S 553	05 N1 553	05 N2 553	05 N2 554	05 N1 554	05 S 554
528	05 S 555	05 N1 555	05 N2 555	05 N2 556	05 N1 556	05 S 556
529	05 S 557	05 N1 557	05 N2 557	05 N2 558	05 N1 558	05 S 558
530	05 S 559	05 N1 559	05 N2 559	05 N2 560	05 N1 560	05 S 560
531	05 S 561	05 N1 561	05 N2 561	05 N2 562	05 N1 562	05 S 562
532	05 S 563	05 N1 563	05 N2 563	05 N2 564	05 N1 564	05 S 564
533	05 S 565	05 N1 565	05 N2 565	05 N2 566	05 N1 566	05 S 566
534	05 S 567	05 N1 567	05 N2 567	05 N2 568	05 N1 568	05 S 568
535	05 S 569	05 N1 569	05 N2 569	05 N2 570	05 N1 570	05 S 570
536	05 S 571	05 N1 571	05 N2 571	05 N2 572	05 N1 572	05 S 572

Paris (cont)						
Type MP05			2010 -			Alstom
537	05 S 573	05 N1 573	05 N2 573	05 N2 574	05 N1 574	05 S 574
538	05 S 575	05 N1 575	05 N2 575	05 N2 576	05 N1 576	05 S 576
539	05 S 577	05 N1 577	05 N2 577	05 N2 578	05 N1 578	05 S 578
540	05 S 579	05 N1 579	05 N2 579	05 N2 580	05 N1 580	05 S 580
541	05 S 581	05 N1 581	05 N2 581	05 N2 582	05 N1 582	05 S 582
542	05 S 583	05 N1 583	05 N2 583	05 N2 584	05 N1 584	05 S 584
543	05 S 585	05 N1 585	05 N2 585	05 N2 586	05 N1 586	05 S 586
544	05 S 587	05 N1 587	05 N2 587	05 N2 588	05 N1 588	05 S 588
545	05 S 589	05 N1 589	05 N2 589	05 N2 590	05 N1 590	05 S 590
546	05 S 591	05 N1 591	05 N2 591	05 N2 592	05 N1 592	05 S 592
547	05 S 593	05 N1 593	05 N2 593	05 N2 594	05 N1 594	05 S 594
548	05 S 595	05 N1 595	05 N2 595	05 N2 596	05 N1 596	05 S 596
549	05 S 597	05 N1 597	05 N2 597	05 N2 598	05 N1 598	05 S 598
550	05 S 599	05 N1 599	05 N2 599	05 N2 600	05 N1 600	05 S 600
551	05 S 601	05 N1 601	05 N2 601	05 N2 602	05 N1 602	05 S 602
552	05 S 603	05 N1 603	05 N2 603	05 N2 604	05 N1 604	05 S 604
553	05 S 605	05 N1 605	05 N2 605	05 N2 606	05 N1 606	05 S 606

Paris (cont)

The sets with a Line number entry were noted during a visit to Paris in September 2010.
Sets are shown as *Set No - Line - Formation*. All N/NA cars are listed as they form the set numbers

MP59 Stock

Set	Line						
001					6001		
002	4	3076	4096	5563	6002	4031	3037
003					6003		
004	4	3042	4108	5559	6004	4071	3131
005	4	3176	4158	5533	6005	4157	3175
006	4	3090	4022	5534	6006	4055	3065
007	4	3054	4020	5518	6007	4045	3081
008	4	3068	4102	5546	6008	4061	3071
009	4	3108	4036	5556	6009	4103	3057
010	4	3044	4106	5549	6010	4047	3063
011	4	3098	4082	5536	6011	4083	3047
012	4	3092	4060	5519	6012	4053	3039
013	4	3046	4088	5525	6013	4101	3105
014	4	3126	4068	5529	6014	4059	3055
015	4	3106	4120	5588	6015	4095	3117
016					6016		
017					6017		
018					6018		
019	4	3122	4040	5555	6019	4023	3053
020	4	3070	4062	5532	6020	4109	3129
021	4	3128	4028	5538	6021	4067	3119
022	4	3082	4048	5551	6022	4107	3069
023	4	3102	4078	5524	6023	4183	3201
024	4	3066	4026	5521	6024	4051	3099
025	4	3094	4072	5531	6025	4073	3085
026	4	3056	4092	5528	6026	4037	3091
027	4	3114	4080	5550	6027	4029	3067
028	4	3118	4090	5558	6028	4079	3093
029	4	3060	4030	5530	6029	4025	3113
030	4	3112	4100	5537	6030	4054	3097
031	4	3084	4024	5562	6031	4081	3061
032	4	3050	4038	5542	6032	4065	3087
033	4	3124	4110	5548	6033	4049	3213
034	4	3088	4056	5535	6034	4074	3045
035	4	3132	4064	5552	6035	4097	3083
036	4	3062	4042	5527	6036	4035	3133
037	4	3064	4104	5554	6037	4021	3103
038	4	3134	4184	5576	6038	4115	3125
039	4	3058	4084	5553	6039	4087	3127
040	4	3086	4050	5560	6040	4091	3049
041	4	3100	4116	5544	6041	4063	3051
042					6042		
043	4	3038	4070	5557	6043	4075	3115
044					6044		
045	4	3074	4112	5526	6045	4041	3101
046					6046		
047	4	3072	4032	5541	6047	4057	3123
048					6048		
049	4	3096	4034	5566	6049	4119	3041
6050	11	3187	4175		6050		3188
051					6051		
052					6052		
053					6053		

Paris (cont)
MP59 Stock (cont)

054				6054		
055				6055		
056				6056		
057				6057		
058				6058		
6059	11	3043	4039	6059		3202
060				6060		
061				6061		
062				6062		
063				6063		
064				6064		
065				6065		
066				6066		
067	4	3052	4052	5561	6067	4043	3095
6068	11	3211	4169	6068		3212
6069	11	3155	4137	6069		3156
6070	11	3139	4121	6070		3140
071				6071		
072				6072		
6073	11	3179	4161	6073		3180
074				6074		
6075	11	3219	4201	6075		3220
6076	11	3164	4195	6076		3138
6077	11	3209	4191	6077		3210
6078	11	3217	4155	6078		3214
6079	11	3193	4199	6079		3194
6080	11	3216	4145	6080		3218
6081	11	3199	4181	6081		3200
6082	11	3215	4185	6082		3204
6083	11	3141	4123	6083		3142
084	4	3116	4058	5575	6084	4105	3075
6085	11	3151	4133	6085		3152
6086	11	3143	4193	6086		3144
6087	11	3173	4125	6087		3174
6088	11	3169	4151	6088		3170
6089	11	3149	4131	6089		3150
090				6090		
091				6091		
092				6092		
093				6093		
094				6094		
095				6095		
096				6096		
097				6097		
098				6098		
099				6099		
100				6100		
5545	11	3167	4044	5545		3168

Paris (cont)
MF67 Stock

001	3	10001	14153	12001	14156	10002
				12002		
				12003		
				12004		
				12011		
				12012		
				12013		
014	3	10017	14031	12014	14060	10018
				12015		
016	3	10021	14013	12016	14014	10022
				12017		
018	3	10025	14113	12018	14112	10026
				12019		
				12020		
021	3	10031	14147	12021	14034	10032
022	3	10033	14059	12022	14054	10034
				12023		
				12024		
				12025		
026	3	10041	14037	12026	14050	10042
027	3	10043	14026	12027	14157	10044
				12028		
029	3	10047	14039	12029	14038	10048
				12030		
031	12	9057	11020	12031	11027	9100
032	12	9061	11092	12032	11037	9095
033	10	9068	11143	12033	11067	9113
034	12	9020	11115	12034	11112	9021
035	12	9112	11025	12035	11029	9119
036	12	9108	11111	12036	11122	9118
2037	9	9149	11153	12037	11174	9150
				12038		
039	10	9053	11089	12039	11183	9029
				12040		
2041	9	9114	11088	12041	11082	9124
042	12	9051	11018	12042	11127	9121
				12043		
044	12			12044		
045	12	9043	11063	12045	11216	9142
				12046		
047	12	9063	11069	12047	11075	9152
048	10	9075	11163	12048	11171	9154
049	12	9035	11023	12049	11031	9109
050	10	9070	11222	12050	11224	9091
				12051		
				12052		
053	3	10095	14155	12053	14032	10096
				12054		
				12055		
056	3	10101	14143	12056	14144	10102
				12057		
058	3	10105	14063	12058	14062	10106
				12059		
060	3	10109	14071	12060	14070	10110
061	3	10111	14083	12061	14082	10112

Paris (cont)
MF67 Stock (cont)

				12062		
				12063		
				12064		
065	3	10119	14087	12065	14086	10120
				12066		
				12067		
				12068		
				12069		
				12070		
071	3	10131	14145	12071	14146	10132
				12072		
073	12	9094	11096	12073	11028	9096
074	12	9038	11055	12074	11053	9056
				12075		
				12076		
				12077		
				12078		
				12079		
				12080		
081	12	9143	11019	12081	11033	9144
082	10	9110	11059	12082	11199	9131
083	12	9036	11021	12083	11042	9062
084	10	9141	11181	12084	11177	9102
085	12	9050	11093	12085	11123	9093
				12086		
2087	9	9105	11161	12087	11157	9147
				12088		
				12089		
090	12	9127	11022	12090	11109	9128
				12091		
				12092		
093	12	9055	11214	12093	11129	9106
094	12	9167	11128	12094	11106	9082
095	12	9025	11101	12095	11103	9125
096	10	9087	11139	12096	11211	9166
097	12	9031	11100	12097	11095	9037
098	12	9032	11114	12098	11034	9066
099	12	9026	11118	12099	11040	9160
				12100		
101	10	9039	11087	12101	11193	9022
102	12	9013	11104	12102	11102	9052
103	12	9023	11113	12103	11048	9080
				12104		
105	12	9138	11032	12105	11026	9163
				12106		
				12107		
2108	9	9132	11217	12108	11219	9151
				12109		
				12110		
2111	9	9042	11169	12111	11179	9136
				12112		
113	10	9164	11191	12113	11215	9165
114	10	9018	11231	12114	11065	9019
115	10	9071	11073	12115	11061	9078
116	12	9014	11001	12116	11116	9067

Paris (cont)
MF67 Stock (cont)

				12117		
118	12	9047	11120	12118	11098	9048
				12119		
120	12	9065	11105	12120	11099	9137
121	12	9028	11047	12121	11130	9153
122	12	9081	11057	12122	11077	9155
				12123		
124	10	9072	11085	12124	11083	9088
125	10	9034	11223	12125	11071	9033
2126	9	9045	11086	12126	11229	9054
				12127		
				12128		
129	12	9040	11049	12129	11035	9135
				12130		
131	3	9130	11126	12131	11107	9159
				12132		
3011	9	10051	14018	13011	11052	10052
3012	9	10083	14033	13012	11155	10053
				13013		
				13014		
				13015		
				13016		
				13017		
3018	9	10065	14025	13018	11066	10066
				13019		
				13020		
				13021		
3022	9	10073	14066	13022	11074	10074
3023	9	10192	14116	13023	11192	10191
3024	9	10077	14069	13024	11078	10078
				13025		
				13026		
				13027		
3028	9	10057	14119	13028	11084	10075
				13029		
				13030		
				13031		
3032	9	10137	14129	13032	11138	10138
3033	9	10139	14058	13033	11140	10140
				13034		
				13035		
3036	9	10187	14040	13036	11164	10164
3037	9	10147	14041	13037	11148	10148
				13038		
3039	9	10151	14134	13039	11166	10152
3040	9	10153	14150	13040	11154	10154
3041	9	10155	14149	13041	11156	10156
				13042		
3043	9	10159	14076	13043	11160	10160
				13044		
				13045		
				13046		
				13047		
				13048		
				13049		

Paris (cont)
MF67 Stock (cont)

3051	9	10175	14130	13050 13051 13052 13053 13054 13055 13056 13057 13058	11190	10202
3059	9	10076	14053	13059 13060 13062 13063 13064 13065	11076	10084
3066	9	10205	14090	13066 13068 13071 13072 13073 13301 13302 13303 13304 13305	11206	10206
3306	2	10311	14306	13306 13307 13308 13309 13310 13311 13312 13313	11306	10312
3314	2	10327	14314	13314 13315	*11335*	10328
3316	2	10331	14316	13316	11316	10332
3317	2	10333	14317	13317 13318 13319	11317	10334
3320	2	10339	14320	13320 13321	11320	10340
322	10	10344	14322	13322	11322	10343
323	10	10346	14323	13323	11323	10345
324	10	10347	14324	13324 13325 13326 13327 13328	11324	10348
3329	2	10357	14329	13329 13330 13331 13332 13333	11329	10358
334	10	10367	14334	13334 13335	11334	10368

Paris (cont)
MF67 Stock (cont)

337	10	10373	14337	13336 13337 13338 13339	11337	10374
3340	2	10379	14340	13340 13341 13342 13343 13344 13345	11340	10380
346	10	10391	14346	13346 13347 13348 13349 13350 13351	11346	10392
352	10	10404	14352	13352 13353 13354	11352	10403
355	10	10410	14355	13355	11355	10409
356	10	10412	14356	13356	11356	10411
501	5	10501	14501	13501	11501	10502
502	5	10503	14502	13502	11502	10504
503	5	10505	14503	13503	11503	10506
504	5	10507	14504	13504	11504	10508
505	5	*10530*	14505	13505	11505	10510
506	5	10511	14506	13506	11506	10512
507	5	10513	14507	13507	11507	10514
508	5	10515	14508	13508	11508	10516
509	5	10517	14509	13509	11509	10518
510		10519	14510	13510	11510	10520
511	5	10521	14511	13511	11511	10522
512		10523	14512	13512	11512	10524
513	5	10525	14513	13513	11513	10526
514	5	10527	14514	13514	11514	10528
515	5	10529	14515	13515	11515	*10603*
516		10531	14516	13516	11516	10532
517	5	10533	14517	13517	11517	10534
518	5	10535	14518	13518	11518	10536
519	5	10537	14519	13519	11519	10538
520	5	10539	14520	13520	11520	10540
521	5	10541	14521	13521	11521	10542
522		10543	14522	13522	11522	10544
523	5	10545	14523	13523	11523	10546
524	5	10547	14524	13524	11524	10548
525	5	10549	14525	13525	11525	10550
526	5	10551	14526	13526	11526	10552
527	5	10553	14527	13527	11527	10554
528	5	10555	14528	13528	11528	10556
529	5	10557	14529	13529	11529	10558
530	5	10559	14530	13530	11530	10560
531	5	10561	14531	13531	11531	10562
532		10563	14532	13532	11532	10564
533	5	10565	14533	13533	11533	10566

Paris (cont)

MF67 Stock (cont)

534	5	10567	14534	13534	11534	10568
535	5	10569	14535	13535	11535	10570
536	5	10571	14536	13536	11536	10572
537	5	10573	14537	13537	11537	10574
538		10575	14538	13538	11538	10576
539		10577	14539	13539	11539	10578
540	5	10579	14540	13540	11540	10580
541	5	10581	14541	13541	11541	10582
542	5	10583	14542	13542	11542	10584
543	5	10585	14543	13543	11543	10586
544	5	10587	14544	13544	11544	10588
545	5	10589	14545	13545	11545	10590
546	5	10591	14546	13546	11546	10592
547	5	10593	14547	13547	11547	10594
548		10595	14548	13548	11548	10596
549		10597	14549	13549	11549	10598
550		10599	14550	13550	11550	10600
5	10601	14551	13551	11551	10602	

MF73 Stock

6501				6501		
6502	6	3581	4541	6502	7042	3582
6503				6503		
6504				6504		
6505	6	3513	4505	6505	7005	3510
6506	6	3511	4506	6506	7006	3512
6507				6507		
6508	6	3516	4508	6508	7008	*3601*
6509				6509		
6510				6510		
6511	6	3522	4511	6511	7011	3521
6512	6	3524	4512	6512	7012	3532
6513	6	3525	4513	6513	7013	3526
6514				6514		
6515				6515		
6516	6	3532	4516	6516	7016	3531
6517	6	3533	4517	6517	7017	3534
6518	6	3536	4518	6518	7018	3535
6519				6519		
6520				6520		
6521				6521		
6522	6	3503	4522	6522	7022	3544
6523				6523		
6524	6	3547	4524	6524	7024	3546
6525	6	3550	4525	6525	7025	3549
6526				6526		
6527	6	3554	4527	6527	7027	3553
6528	6	3556	4528	6528	7028	3555
6529	6	3558	4529	6529	7029	3557
6530				6530		
6531				6531		
6532	6	3564	4532	6532	7032	3563
6533	6	3565	4533	6533	7033	3566
6534	6	3567	4534	6534	7034	3568
6535	6	3570	4535	6535	7035	3569

Paris (cont)
MF73 Stock

6536	6	3572	4536	6536	7036	3571
6537	6	3574	4537	6537	7037	3573
6538	6	3575	4538	6538	7038	3576
6539	6	3577	4539	6539	7039	3578
6540	6	3580	4540	6540	7040	3579
6541				6541		
6542	6	3541	4542	6542	7021	3542
6543	6	3585	4543	6543	7043	3586
6544	11	3587	4544	6544		3588
6545	6	3590	4545	6545	7045	3589
6546	6	3592	4546	6546	7046	3591
6547				6547		
6548	6	3543	4507	6548	7048	3514
6549	6	3597	4549	6549	7049	3598

MF77 Stock

001	13	30001	32001	31001	32002	30002
002		30003	32003	31002	32004	30004
003	13	30005	32005	31003	32006	30006
004	13	30007	32007	31004	32008	30008
005		30009	32009	31005	32010	30010
006		30011	32011	31006	32012	30012
007	13	30013	32013	31007	32014	30014
008	13	30015	32015	31008	32016	30016
009		30017	32017	31009	32018	30018
010		30019	32019	31010	32020	30020
011	13	30021	32021	31011	32022	30022
012	13	30023	32023	31012	32024	30024
013	7	30025	32025	31013	32026	30026
014	13	30027	32027	31014	32028	30028
015		30029	32029	31015	32030	30030
016		30031	32031	31016	32032	30032
017	8	30033	32033	31017	32034	30034
018	8	30035	32035	31018	32036	30036
019		30037	32037	31019	32038	30038
020	8	30039	32039	31020	32040	30040
021	13	30041	32041	31021	32042	30042
022		30043	32043	31022	32044	30044
023	7	30045	32045	31023	32046	30046
024	7	30047	32047	31024	32048	30048
025	7	30049	32049	31025	32050	30050
026	7	30051	32051	31026	32052	30052
027	7	30053	32053	31027	32054	30054
028	13	30055	32055	31028	32056	30056
029	7	30057	32057	31029	32058	30058
030	7	30059	32059	31030	32060	30060
031	13	30061	32061	31031	32062	30062
032	13	30063	32063	31032	32064	30064
033	7	30065	32065	31033	32066	30066
034	7	30067	32067	31034	32068	30068
035	7	30069	32069	31035	32070	30070
036	7	30071	32071	31036	32072	30072
037	7	30073	32073	31037	32074	30074
038	13	30075	32075	31038	32076	30076
039		30077	32077	31039	32078	30078

Paris (cont)

MF77 Stock (cont)

040	7	30079	32079	31040	32080	30080
041	7	30081	32081	31041	32082	30082
042		30083	32083	31042	32084	30084
043	8	30085	32085	31043	32086	30086
044	8	30087	32087	31044	32088	30088
045		30089	32089	31045	32090	30090
046		30091	32091	31046	32092	30092
047	13	30093	32093	31047	32094	30094
048	13	30095	32095	31048	32096	30096
049		30097	32097	31049	32098	30098
050	13	30099	32099	31050	32100	30100
051		30101	32101	31051	32102	30102
052		30103	32103	31052	32104	30104
053	13	30105	32105	31053	32106	30106
054		30107	32107	31054	32108	30108
055	13	30109	32109	31055	32110	30110
056	13	30111	32111	31056	32112	30112
057	13	30113	32113	31057	32114	30114
058	13	30115	32115	31058	32116	30116
059		30117	32117	31059	32118	30118
060	7	30119	32119	31060	32120	30120
061	7	30121	32121	31061	32122	30122
062	7	30123	32123	31062	32124	30124
063	13	30125	32125	31063	32126	30126
064	13	30127	32127	31064	32128	30128
065	13	30129	32129	31065	32130	30130
066	13	30131	32131	31066	32132	30132
067	13	30133	32133	31067	32134	30134
068	13	30135	32135	31068	32136	30136
069				31069	32138	30138
070	13	30139	32139	31070	32140	30140
071	13	30141	32141	31071	32142	30142
072	13	30143	32143	31072	32144	30144
073	13	30145	32145	31073	32146	30146
074	13	30147	32147	31074	32148	30148
075	13	30149	32149	31075	32150	30150
076		30151	32151	31076	32152	30152
077	13	*30137*	*32137*	31077	32154	30154
078	13	30155	32155	31078	32156	30156
079	13	30157	32157	31079	32158	30158
080	7	30159	32159	31080	32160	30160
081	7	30161	32161	31081	32162	30162
082	7	30163	32163	31082	32164	30164
083	7	30165	32165	31083	32166	30166
084	7	30167	32167	31084	32168	30168
085	7	30169	32169	31085	32170	30170
086	13	30171	32171	31086	32172	30172
087	8	30173	32173	31087	32174	30174
088	8	30175	32175	31088	32176	30176
089		30177	32177	31089	32178	30178
090	13	30179	32179	31090	32180	30180
091		30181	32181	31091	32182	30182
092	7	30183	32183	31092	32184	30184
093		30185	32185	31093	32186	30186
094	13	30187	32187	31094	32188	30188

Paris (cont)

MF77 Stock (cont)

095	7	30189	32189	31095	32190	30190
096	7	30191	32191	31096	32192	30192
097		30193	32193	31097	32194	30194
098		30195	32195	31098	32196	30196
099	13	30197	32197	31099	32198	30198
100		30199	32199	31100	32200	30200
101		30201	32201	31101	32202	30202
102		30203	32203	31102	32204	30204
103	8	30205	32205	31103	32206	30206
104	8	30207	32207	31104	32208	30208
105		30209	32209	31105	32210	30210
106		30211	32211	31106	32212	30212
107		30213	32213	31107	32214	30214
108	8	30215	32215	31108	32216	30216
109	8	30217	32217	31109	32218	30218
110	8	30219	32219	31110	32220	30220
111	13	30221	32221	31111	32222	30222
112	13	30223	32223	31112	32224	30224
113		30225	32225	31113	32226	30226
114	8	30227	32227	31114	32228	30228
115		30229	32229	31115	32230	30230
116	8	30231	32231	31116	32232	30232
117	8	30233	32233	31117	32234	30234
118	8	30235	32235	31118	32236	30236
119	8	30237	32237	31119	32238	30238
120	8	30239	32239	31120	32240	30240
121		30241	32241	31121	32242	30242
122		30243	32243	31122	32244	30244
123		30245	32245	31123	32246	30246
124		30247	32247	31124	32248	30248
125	8	30249	32249	31125	32250	30250
126	8	30251	32251	31126	32252	30252
127		30253	32253	31127	32254	30254
128	8	30255	32255	31128	32256	30256
129	8	30257	32257	31129	32258	30258
130		30259	32259	31130	32260	30260
131		30261	32261	31131	32262	30262
132		30263	32263	31132	32264	30264
133	8	30265	32265	31133	32266	30266
134		30267	32267	31134	32268	30268
135		30269	32269	31135	32270	30270
136	8	30271	32271	31136	32272	30272
137	13	30273	32273	31137	32274	30274
138	8	30275	32275	31138	32276	30276
139		30277	32277	31139	32278	30278
140		30279	32279	31140	32280	30280
141	8	30281	32281	31141	32282	30282
142		30283	32283	31142	32284	30284
143	8	30285	32285	31143	32286	30286
144	8	30287	32287	31144	32288	30288
145	8	30289	32289	31145	32290	30290
146	8	30291	32291	31146	32292	30292
147	7	30293	32293	31147	32294	30294
148	13	30295	32295	31148	32296	30296
149		30297	32297	31149	32298	30298

Paris (cont)
MF77 Stock (cont)

150	13	30299	32299	31150	32300	30300
151	13	30301	32301	31151	32302	30302
152	13	30303	32303	31152	32304	30304
153		30305	32305	31153	32306	30306
154	13	30307	32307	31154	32308	30308
155	13	30309	32309	31155	32310	30310
156	13	30311	32311	31156	32312	30312
157	13	30313	32313	31157	32314	30314
158	13	30315	32315	31158	32316	30316
159		30317	32317	31159	32318	30318
160	7	30319	32319	31160	32320	30320
161	7	30321	32321	31161	32322	30322
162	7	30323	32323	31162	32324	30324
163		30325	32325	31163	32326	30326
164	7	30327	32327	31164	32328	30328
165	7	30329	32329	31165	32330	30330
166	7	30331	32331	31166	32332	30332
167	7	30333	32333	31167	32334	30334
168	7	30335	32335	31168	32336	30336
169	7	30337	32337	31169	32338	30338
170	7	30339	32339	31170	32340	30340
171	7	30341	32341	31171	32342	30342
172	7	30343	32343	31172	32344	30344
173	7	30345	32345	31173	32346	30346
174	7	30347	32347	31174	32348	30348
175		30349	32349	31175	32350	30350
176	7	30351	32351	31176	32352	30352
177	7	30353	32353	31177	32354	30354
178	7	30355	32355	31178	32356	30356
179	7	30357	32357	31179	32358	30358
180	7	30359	32359	31180	32360	30360
181	7	30361	32361	31181	32362	30362
182	7	30363	32363	31182	32364	30364
183	7	30365	32365	31183	32366	30366
184	7	30367	32367	31184	32368	30368
185	7	30369	32369	31185	32370	30370
186	7	30371	32371	31186	32372	30372
187	7	30373	32373	31187	32374	30374
188	7	30375	32375	31188	32376	30376
189	7	30377	32377	31189	32378	30378
190	7	30379	32379	31190	32380	30380
191	7	30381	32381	31191	32382	30382
192		30383	32383	31192	32384	30384
193		30385	32385	31193	32386	30386
194	7	30387	32387	31194	32388	30388
195	7	30389	32389	31195	32390	30390
196	7	30391	32391	31196	32392	30392
197	7	30393	32393	31197	32394	30394

Any addition / amendments to this list would be gratefully received at jeff@hbpub.co.uk

Porto Metro do Porto

This system is run using seven-sectioned trams

Eurotram			2001-2002			Bombardier
MP001	MP013	MP025	MP037	MP049	MP061	
MP002	MP014	MP026	MP038	MP050	MP062	
MP003	MP015	MP027	MP039	MP051	MP063	
MP004	MP016	MP028	MP040	MP052	MP064	
MP005	MP017	MP029	MP041	MP053	MP065	
MP006	MP018	MP030	MP042	MP054	MP066	
MP007	MP019	MP031	MP043	MP055	MP067	
MP008	MP020	MP032	MP044	MP056	MP068	
MP009	MP021	MP033	MP045	MP057	MP069	
MP010	MP022	MP034	MP046	MP058	MP070	
MP011	MP023	MP035	MP047	MP059	MP071	
MP012	MP024	MP036	MP048	MP060	MP072	

Prague 43.4km 1435mm DPMetro

Rebodied Motor Car 1997-2003 Skoda

3101	3118	3135	3152	3168	3184	
3102	3119	3136	3153	3169	3185	
3103	3120	3137	3154	3170	3186	
3104	3121	3138	3155	3171	3187	
3105	3122	3139	3156	3172	3188	
3106	3123	3140	3157	3173	3189	
3107	3124	3141	3158	3174	3190	
3108	3125	3142	3159	3175	3191	
3109	3126	3143	3160	3176	3192	
3110	3127	3144	3161	3177	3193	
3111	3128	3145	3162	3178	3194	
3112	3129	3146	3163	3179	3195	
3113	3130	3147	3164	3180	3196	
3114	3131	3148	3165	3181	3197	
3115	3132	3149	3166	3182	3198	
3116	3133	3150	3167	3183	3199	
3117	3134	3151				

Rebodied Intermediate Car 1997-2003 Skoda

3201	3218	3235	3251	3267	3283	
3202	3219	3236	3252	3268	3284	
3203	3220	3237	3253	3269	3285	
3204	3221	3238	3254	3270	3286	
3205	3222	3239	3255	3271	3287	
3206	3223	3240	3256	3272	3288	
3207	3224	3241	3257	3273	3289	
3208	3225	3242	3258	3274	3290	
3209	3226	3243	3259	3275	3291	
3210	3227	3244	3260	3276	3292	
3211	3228	3245	3261	3277	3293	
3212	3229	3246	3262	3278	3294	
3213	3230	3247	3263	3279	3295	
3214	3231	3248	3264	3280	3296	
3215	3232	3249	3265	3281	3297	
3216	3233	3250	3266	3282	3298	
3217	3234					

Prague (cont)

Rebodied Motor Car — 1997-2003 — Skoda

3301	3320	3335	3342	3351	3354
3313	3321	3339	3343	3352	3356

Rebodied Intermediate Car — 1997-2003 — Skoda

3400	3417	3434	3451	3468	3484
3401	3418	3435	3452	3469	3485
3402	3419	3436	3453	3470	3486
3403	3420	3437	3454	3471	3487
3404	3421	3438	3455	3472	3488
3405	3422	3439	3456	3473	3489
3406	3423	3440	3457	3474	3490
3407	3424	3441	3458	3475	3491
3408	3425	3442	3459	3476	3492
3409	3426	3443	3460	3477	3493
3410	3427	3444	3461	3478	3494
3411	3428	3445	3462	3479	3495
3412	3429	3446	3463	3480	3496
3413	3430	3447	3464	3481	3497
3414	3431	3448	3465	3482	3498
3415	3432	3449	3466	3483	3499
3416	3433	3450	3467		

Rebodied Intermediate Car — 1997-2003 — Skoda

3500	3517	3534	3551	3568	3584
3501	3518	3535	3552	3569	3585
3502	3519	3536	3553	3570	3586
3503	3520	3537	3554	3571	3587
3504	3521	3538	3555	3572	3588
3505	3522	3539	3556	3573	3589
3506	3523	3540	3557	3574	3590
3507	3524	3541	3558	3575	3591
3508	3525	3542	3559	3576	3592
3509	3526	3543	3560	3577	3593
3510	3527	3544	3561	3578	3594
3511	3528	3545	3562	3579	3595
3512	3529	3546	3563	3580	3596
3513	3530	3547	3564	3581	3597
3514	3531	3548	3565	3582	3598
3515	3532	3549	3566	3583	3599
3516	3533	3550	3567		

Rebodied Intermediate Car — 1997-2003 — Skoda

3600	3612	3624	3636	3648	3660
3601	3613	3625	3637	3649	3661
3602	3614	3626	3638	3650	3662
3603	3615	3627	3639	3651	3663
3604	3616	3628	3640	3652	3664
3605	3617	3629	3641	3653	3665
3606	3618	3630	3642	3654	3666
3607	3619	3631	3643	3655	3667
3608	3620	3632	3644	3656	3668
3609	3621	3633	3645	3657	3669
3610	3622	3634	3646	3658	3670
3611	3623	3635	3647	3659	3671

Prague (cont)
Rebodied Intermediate Car (cont)

3672	3677	3682	3687	3692	3696
3673	3678	3683	3688	3693	3697
3674	3679	3684	3689	3694	3698
3675	3680	3685	3690	3695	3699
3676	3681	3686	3691		

Motor Car — 1998-2003 — CKD/Adtranz/Siemens

4101	4118	4135	4152	4169	4185
4102	4119	4136	4153	4170	4186
4103	4120	4137	4154	4171	4187
4104	4121	4138	4155	4172	4188
4105	4122	4139	4156	4173	4189
4106	4123	4140	4157	4174	4190
4107	4124	4141	4158	4175	4191
4108	4125	4142	4159	4176	4192
4109	4126	4143	4160	4177	4193
4110	4127	4144	4161	4178	4194
4111	4128	4145	4162	4179	4195
4112	4129	4146	4163	4180	4196
4113	4130	4147	4164	4181	4197
4114	4131	4148	4165	4182	4198
4115	4132	4149	4166	4183	4199
4116	4133	4150	4167	4184	4200
4117	4134	4151	4168		

Intermediate Car — 1998-2003 — CKD/Adtranz/Siemens

4201	4218	4235	4252	4268	4284
4202	4219	4236	4253	4269	4285
4203	4220	4237	4254	4270	4286
4204	4221	4238	4255	4271	4287
4205	4222	4239	4256	4272	4288
4206	4223	4240	4257	4273	4289
4207	4224	4241	4258	4274	4290
4208	4225	4242	4259	4275	4291
4209	4226	4243	4260	4276	4292
4210	4227	4244	4261	4277	4293
4211	4228	4245	4262	4278	4294
4212	4229	4246	4263	4279	4295
4213	4230	4247	4264	4280	4296
4214	4231	4248	4265	4281	4297
4215	4232	4249	4266	4282	4298
4216	4233	4250	4267	4283	4299
4217	4234	4251			

Intermediate Car — 1998-2003 — CKD/Adtranz/Siemens

4400	4409	4418	4427	4435	4443
4401	4410	4419	4428	4436	4444
4402	4411	4420	4429	4437	4445
4403	4412	4421	4430	4438	4446
4404	4413	4422	4431	4439	4447
4405	4414	4423	4432	4440	4448
4406	4415	4424	4433	4441	4449
4407	4416	4425	4434	4442	4450
4408	4417	4426			

Rennes — 9.4km — 1435mm — STAR

Fully automated driverless system (VAL)

Siemens Matra VAL 208

001 A01 B01	005 A05 B05	009 A09 B09	013 A13 B13	017 A17 B17	021 A21 B21
002 A02 B02	006 A06 B06	010 A10 B10	014 A14 B14	018 A18 B18	022 A22 B22
003 A03 B03	007 A07 B07	011 A11 B11	015 A15 B15	019 A19 B19	023 A23 B23
004 A04 B04	008 A08 B08	012 A12 B12	016 A16 B16	020 A20 B20	024 A24 B24

Rome — 33.5km — 1435mm — COTRAL

Type 001

001	018	035	052	069	085	
002	019	036	053	070	086	
003	020	037	054	071	087	
004	021	038	055	072	088	
005	022	039	056	073	089	
006	023	040	057	074	090	
007	024	041	058	075	091	
008	025	042	059	076	092	
009	026	043	060	077	093	
010	027	044	061	078	094	
011	028	045	062	079	095	
012	029	046	063	080	096	
013	030	047	064	081	097	
014	031	048	065	082	098	
015	032	049	066	083	099	
016	033	050	067	084	100	
017	034	051	068			

Type 101

101	110	119	127	135	143
102	111	120	128	136	144
103	112	121	129	137	145
104	113	122	130	138	146
105	114	123	131	139	147
106	115	124	132	140	148
107	116	125	133	141	149
108	117	126	134	142	150
109	118				

Type 200

201	207	213	219	225	231
202	208	214	220	226	232
203	209	215	221	227	233
204	210	216	222	228	234
205	211	217	223	229	235
206	212	218	224	230	

Type 300

RA 301-0 + MA 301-1 + MA 301-2	RA 307-0 + MA 307-1 + MA 307-2
RA 302-0 + MA 302-1 + MA 302-2	RA 308-0 + MA 308-1 + MA 308-2
RA 303-0 + MA 303-1 + MA 303-2	RA 309-0 + MA 309-1 + MA 309-2
RA 304-0 + MA 304-1 + MA 304-2	RA 310-0 + MA 310-1 + MA 310-2
RA 305-0 + MA 305-1 + MA 305-2	RA 311-0 + MA 311-1 + MA 311-2
RA 306-0 + MA 306-1 + MA 306-2	RA 312-0 + MA 312-1 + MA 312-2

Rome (cont)
Type 300 (cont)

RA 313-0 + MA 313-1 + MA 313-2   RA 338-0 + MA 338-1 + MA 338-2
RA 314-0 + MA 314-1 + MA 314-2   RA 339-0 + MA 339-1 + MA 339-2
RA 315-0 + MA 315-1 + MA 315-2   RA 340-0 + MA 340-1 + MA 340-2
RA 316-0 + MA 316-1 + MA 316-2   RA 341-0 + MA 341-1 + MA 341-2
RA 317-0 + MA 317-1 + MA 317-2   RA 342-0 + MA 342-1 + MA 342-2
RA 318-0 + MA 318-1 + MA 318-2   RA 343-0 + MA 343-1 + MA 343-2
RA 319-0 + MA 319-1 + MA 319-2   RA 344-0 + MA 344-1 + MA 344-2
RA 320-0 + MA 320-1 + MA 320-2   RA 345-0 + MA 345-1 + MA 345-2
RA 321-0 + MA 321-1 + MA 321-2   RA 346-0 + MA 346-1 + MA 346-2
RA 322-0 + MA 322-1 + MA 322-2   RA 347-0 + MA 347-1 + MA 347-2
RA 323-0 + MA 323-1 + MA 323-2   RA 348-0 + MA 348-1 + MA 348-2
RA 324-0 + MA 324-1 + MA 324-2   RA 349-0 + MA 349-1 + MA 349-2
RA 325-0 + MA 325-1 + MA 325-2   RA 350-0 + MA 350-1 + MA 350-2
RA 326-0 + MA 326-1 + MA 326-2   RA 351-0 + MA 351-1 + MA 351-2
RA 327-0 + MA 327-1 + MA 327-2   RA 352-0 + MA 352-1 + MA 352-2
RA 328-0 + MA 328-1 + MA 328-2   RA 353-0 + MA 353-1 + MA 353-2
RA 329-0 + MA 329-1 + MA 329-2   RA 354-0 + MA 354-1 + MA 354-2
RA 330-0 + MA 330-1 + MA 330-2   RA 355-0 + MA 355-1 + MA 355-2
RA 331-0 + MA 331-1 + MA 331-2   RA 356-0 + MA 356-1 + MA 356-2
RA 332-0 + MA 332-1 + MA 332-2   RA 357-0 + MA 357-1 + MA 357-2
RA 333-0 + MA 333-1 + MA 333-2   RA 358-0 + MA 358-1 + MA 358-2
RA 334-0 + MA 334-1 + MA 334-2   RA 359-0 + MA 359-1 + MA 359-2
RA 335-0 + MA 335-1 + MA 335-2   RA 360-0 + MA 360-1 + MA 360-2
RA 336-0 + MA 336-1 + MA 336-2   RA 361-0 + MA 361-1 + MA 361-2
RA 337-0 + MA 337-1 + MA 337-2   RA 362-0 + MA 362-1 + MA 362-2

Type MR500

501	505	509	513	517	521
502	506	510	514	518	522
503	507	511	515	519	523
504	508	512	516	520	524

Type MR500 Trailers

551	553	555	557	559	561
552	554	556	558	560	562

Type MR600

601	604	607	610	613	615
602	605	608	611	614	616
603	606	609	612		

Rotterdam   72.9km   1435mm   RET
Type MG2   1966-69   Werkspoor/Smit

5001	5012	5023	5034	5045	5056
5002	5013	5024	5035	5046	5057
5003	5014	5025	5036	5047	5058
5004	5015	5026	5037	5048	5059
5005	5016	5027	5038	5049	5060
5006	5017	5028	5039	5050	5061
5007	5018	5029	5040	5051	5062
5008	5019	5030	5041	5052	5063
5009	5020	5031	5042	5053	5064
5010	5021	5032	5043	5054	5065
5011	5022	5033	5044	5055	5066

Rotterdam (cont)

Type MG2 — 1973-74 — Duwag/Holec

5101	5110	5119	5128	5137	5145
5102	5111	5120	5129	5138	5146
5103	5112	5121	5130	5139	5147
5104	5113	5122	5131	5140	5148
5105	5114	5123	5132	5141	5149
5106	5115	5124	5133	5142	5150
5107	5116	5125	5134	5143	5151
5108	5117	5126	5135	5144	5152
5109	5118	5127	5136		

Type SG2 (Sneltram) — 1980-84 — Duewag/Holec

5201	5213	5225	5237	5249	5261
5202	5214	5226	5238	5250	5262
5203	5215	5227	5239	5251	5263
5204	5216	5228	5240	5252	5264
5205	5217	5229	5241	5253	5265
5206	5218	5230	5242	5254	5266
5207	5219	5231	5243	5255	5267
5208	5220	5232	5244	5256	5268
5209	5221	5233	5245	5257	5269
5210	5222	5234	5246	5258	5270
5211	5223	5235	5247	5259	5271
5212	5224	5236	5248	5260	

Type MG2/1 — 1980-84 — Bomb/Holec/Werkspoor

5301	5318	5335	5352	5369	5385
5302	5319	5336	5353	5370	5386
5303	5320	5337	5354	5371	5387
5304	5321	5338	5355	5372	5388
5305	5322	5339	5356	5373	5389
5306	5323	5340	5357	5374	5390
5307	5324	5341	5358	5375	5391
5308	5325	5342	5359	5376	5392
5309	5326	5343	5360	5377	5393
5310	5327	5344	5361	5378	5394
5311	5328	5345	5362	5379	5395
5312	5329	5346	5363	5380	5396
5313	5330	5347	5364	5381	5397
5314	5331	5348	5365	5382	5398
5315	5332	5349	5366	5383	5399
5316	5333	5350	5367	5384	5400
5317	5334	5351	5368		

Type MG2/1 — 1980-84 — Bomb/Holec/Werkspoor

5401	5405	5408	5411	5414	5417
5402	5406	5409	5412	5415	5418
5403	5407	5410	5413	5416	5419
5404					

Type T1 — 2008 — Bombardier

5501	5505	5509	5513	5516	5519
5502	5506	5510	5514	5517	5520
5503	5507	5511	5515	5518	5521
5504	5508	5512			

Rotterdam (cont)

Class 5600			2010-			Bombardier
5601	5608	5615	5622	5629	5636	
5602	5609	5616	5623	5630	5637	
5603	5610	5617	5624	5631	5638	
5604	5611	5618	5625	5632	5639	
5605	5612	5619	5626	5633	5640	
5606	5613	5620	5627	5634	5641	
5607	5614	5621	5628	5635	5642	

Service Locomotives		1968-73		Gmeinder
MD6001	MD6002	MD6101	MD6102	

Seville   19km   Metro de Sevilla

Class 100				2009					CAF
101	A101	B101	C101	D101	E101	110	A110	B110	C110	D110	E110
102	A102	B102	C102	D102	E102	111	A111	B111	C111	D111	E111
103	A103	B103	C103	D103	E103	112	A112	B112	C112	D112	E112
104	A104	B104	C104	D104	E104	113	A113	B113	C113	D113	E113
105	A105	B105	C105	D105	E105	114	A114	B114	C114	D114	E114
106	A106	B106	C106	D106	E106	115	A115	B115	C115	D115	E115
107	A107	B107	C107	D107	E107	116	A116	B116	C116	D116	E116
108	A108	B108	C108	D108	E108	117	A117	B117	C117	D117	E117
109	A109	B109	C109	D109	E109						

Sofia   52km   1435mm   Sofia Metro

Class 200			1998			Russian
201	206	211	216	221	226	
202	207	212	217	222	227	
203	208	213	218	223	228	
204	209	214	219	224	229	
205	210	215	220	225		

Stockholm   110km   1435mm   SL

Type Z66			1991			Transtech
16						

Type C13 * / C13H			1982-84			ASEA
1166	1180	1195 *	1209 *	1226	1242	
1168	1181 *	1196	1210	1227 *	1244	
1169 *	1182	1198	1213 *	1228	1246	
1170	1184	1200	1216	1230	1248	
1172	1186	1201 *	1218	1232	1250	
1173 *	1189 *	1202	1220	1233 *	1251 *	
1174	1191 *	1204	1223 *	1236	1252	
1176	1192	1206	1224	1238	1256	
1178	1194	1208	1225 *	1240	1258	

TypeC15 / C15H *			1985			ASEA
1260	1263	1266	1268	1270 *	1272 *	
1261	1264	1267	1269	1271 *	1273 *	
1262	1265					

Stockholm (cont)

Type C14 * / C14H — 1985-1989 — ASEA

1274	1295	1316	1337	1358	1379
1275	1296	1317	1338	1359	1380
1276	1297	1318	1339	1360	1381
1277	1298 *	1319	1340	1361	1382
1278	1299 *	1320	1341	1362	1383
1279	1300	1321	1342	1363	1384
1280 *	1301	1322	1343	1364	1385
1281 *	1302	1323	1344	1365	1386
1282	1303	1324	1345	1366	1387
1283	1304	1325	1346	1367	1388
1284	1305	1326	1347	1368	1389
1285	1306	1327	1348	1369	1390
1286	1307	1328	1349	1370	1391
1287	1308	1329	1350	1371	1392
1288	1309	1330	1351	1372	1393
1289	1310	1331	1352	1373	1394
1290	1311	1332	1353	1374	1395
1291	1312	1333	1354	1375	1396
1292	1313	1334	1355	1376	1397
1293	1314	1335	1356	1377	1398
1294	1315	1336	1357	1378	1399

Type C20F — BTV

2000					

Type C20 — 1997-2004 — ASEA

2001	2030	2059	2088	2117	2146
2002	2031	2060	2089	2118	2147
2003	2032	2061	2090	2119	2148
2004	2033	2062	2091	2120	2149
2005	2034	2063	2092	2121	2150
2006	2035	2064	2093	2122	2151
2007	2036	2065	2094	2123	2152
2008	2037	2066	2095	2124	2153
2009	2038	2067	2096	2125	2154
2010	2039	2068	2097	2126	2155
2011	2040	2069	2098	2127	2156
2012	2041	2070	2099	2128	2157
2013	2042	2071	2100	2129	2158
2014	2043	2072	2101	2130	2159
2015	2044	2073	2102	2131	2160
2016	2045	2074	2103	2132	2161
2017	2046	2075	2104	2133	2162
2018	2047	2076	2105	2134	2163
2019	2048	2077	2106	2135	2164
2020	2049	2078	2107	2136	2165
2021	2050	2079	2108	2137	2166
2022	2051	2080	2109	2138	2167
2023	2052	2081	2110	2139	2168
2024	2053	2082	2111	2140	2169
2025	2054	2083	2112	2141	2170
2026	2055	2084	2113	2142	2171
2027	2056	2085	2114	2143	2172
2028	2057	2086	2115	2144	2173
2029	2058	2087	2116	2145	2174

Stockholm (cont)

Type C20 — 1997-2004 — ASEA

2175	2191	2207	2223	2239	2255	
2176	2192	2208	2224	2240	2256	
2177	2193	2209	2225	2241	2257	
2178	2194	2210	2226	2242	2258	
2179	2195	2211	2227	2243	2259	
2180	2196	2212	2228	2244	2260	
2181	2197	2213	2229	2245	2261	
2182	2198	2214	2230	2246	2262	
2183	2199	2215	2231	2247	2263	
2184	2200	2216	2232	2248	2264	
2185	2201	2217	2233	2249	2265	
2186	2202	2218	2234	2250	2266	
2187	2203	2219	2235	2251	2267	
2188	2204	2220	2236	2252	2268	
2189	2205	2221	2237	2253	2269	
2190	2206	2222	2238	2254	2270	

Type C6H — 1970-1974 — ASEA

2651	2674	2698	2722	2745	2767	
2652	2675	2699	2723	2746	2768	
2653	2676	2701	2724	2747	2769	
2654	2677	2702	2725	2748	2770	
2655	2678	2703	2726	2749	2771	
2656	2679	2704	2727	2750	2772	
2657	2680	2705	2728	2751	2773	
2658	2681	2706	2729	2752	2774	
2659	2683	2707	2730	2753	2775	
2660	2684	2708	2731	2754	2776	
2661	2685	2709	2732	2755	2777	
2662	2686	2710	2733	2756	2778	
2663	2687	2711	2734	2757	2779	
2664	2688	2712	2735	2758	2780	
2665	2689	2713	2736	2759	2781	
2666	2690	2714	2737	2760	2782	
2667	2691	2715	2738	2761	2783	
2668	2692	2716	2739	2762	2784	
2669	2693	2717	2740	2763	2785	
2670	2694	2718	2741	2764	2786	
2671	2695	2719	2742	2765	2787	
2672	2696	2720	2743	2766	2788	
2673	2697	2721	2744			

Type C7 — 1972-1973 — ASEA

2791	2793	2795	2796	2797	2798
2792	2794				

Type C6H — 1974 — ASEA

2799	2803	2807	2810	2813	2816
2800	2804	2808	2811	2814	2817
2801	2805	2809	2812	2815	2818
2802	2806				

Type C10H * / C11H — 1974 — ASEA

2819 *	2820	2821 *	2822		

Stockholm (cont)

Type C8 * / C8H		1974-1975			ASEA
2823	2830 *	2837	2844	2851 *	2857 *
2824 *	2831	2838 *	2845 *	2852	2858
2825	2832 *	2839	2846	2853 *	2859 *
2826 *	2833	2840 *	2847	2854	2860
2827	2834 *	2841	2848	2855 *	2861 *
2828 *	2835	2842	2849 *	2856	2862
2829	2836 *	2843 *	2850		

Stockholm (Sweden)		110km	1435mm		SL
Type C9		**1976-1977**			**ASEA**
2863	2867	2871	2874	2877	2880
2864	2868	2872	2875	2878	2881
2865	2869	2873	2876	2879	2882
2866	2870				
Type C10H * / C11H		**1975-1976**			**ASEA**
2883*	2888	2893*	2897*	2909*	2913*
2884	2889*	2894	2898	2910	2914
2885*	2890	2895*	2899*	2911*	2915*
2886	2891*	2896	2900	2912	2916
2887*	2892				

Works Cars

No	Type	Builder	Built	Vehicle
9200	A280	ASEA	1969	arbetslok
9201	A280	ASEA	1969	arbetslok
9205	A283	ASEA	1904	ploglok
9210	A284	ASEA	1904	arbetslok
9215	A289	Vk	1930	lokomotor
9216	A289	Vk	1928	lokomotor
9233	A290	CO	1948	arbetslok
9234	A287	SS	1949	arbetslok
9235	A287	SS	1951	arbetslok
9236	A288	ASJA	1908	arbetslok
9238	A281	ASEA	1943	arbetslok
9244	B257	HS	1954	snoblasningsvagn
9248	B257	HS	1954	snoblasningsvagn
9249	B257	HS	1954	snoblasningsvagn
9360	A203	ASEA	1930	arbetslok
9364	A234	ASEA	1950	skrapsugare
9370	B235	ASEA	1982	strömskeneavisningsvagn

Stourbridge   1435mm   RTS

PM50	2006	Parry People Mover
999900 [PMM50]		

Class 139 [PM60]	2007-2008	Parry People Mover

These new lightweight railcars are to be built to replace Class 153 diesel units

139 001 [39001] | 139 002 [39002]

St Petersburg (Russia)   91.75Km   1524mm   STPMETRO

These lists may not be totally accurate as they are based on observation only
I have no information on withdrawn stock

Series 3700 — 4 Car Units — Russian Built

3700	3717	3734	3751	3768	3784
3701	3718	3735	3752	3769	3785
3702	3719	3736	3753	3770	3786
3703	3720	3737	3754	3771	3787
3704	3721	3738	3755	3772	3788
3705	3722	3739	3756	3773	3789
3706	3723	3740	3757	3774	3790
3707	3724	3741	3758	3775	3791
3708	3725	3742	3759	3776	3792
3709	3726	3743	3760	3777	3793
3710	3727	3744	3761	3778	3794
3711	3728	3745	3762	3779	3795
3712	3729	3746	3763	3780	3796
3713	3730	3747	3764	3781	3797
3714	3731	3748	3765	3782	3798
3715	3732	3749	3766	3783	3799
3716	3733	3750	3767		

Series 6100 — 4 Car Units — Russian Built

6100	6117	6134	6151	6168	6184
6101	6118	6135	6152	6169	6185
6102	6119	6136	6153	6170	6186
6103	6120	6137	6154	6171	6187
6104	6121	6138	6155	6172	6188
6105	6122	6139	6156	6173	6189
6106	6123	6140	6157	6174	6190
6107	6124	6141	6158	6175	6191
6108	6125	6142	6159	6176	6192
6109	6126	6143	6160	6177	6193
6110	6127	6144	6161	6178	6194
6111	6128	6145	6162	6179	6195
6112	6129	6146	6163	6180	6196
6113	6130	6147	6164	6181	6197
6114	6131	6148	6165	6182	6198
6115	6132	6149	6166	6183	6199
6116	6133	6150	6167		

Series 6200 — 4 Car Units — Russian Built

6200	6214	6228	6242	6256	6270
6201	6215	6229	6243	6257	6271
6202	6216	6230	6244	6258	6272
6203	6217	6231	6245	6259	6273
6204	6218	6232	6246	6260	6274
6205	6219	6233	6247	6261	6275
6206	6220	6234	6248	6262	6276
6207	6221	6235	6249	6263	6277
6208	6222	6236	6250	6264	6278
6209	6223	6237	6251	6265	6279
6210	6224	6238	6252	6266	6280
6211	6225	6239	6253	6267	6281
6212	6226	6240	6254	6268	6282
6213	6227	6241	6255	6269	6283

St Petersburg (Russia) 91.75Km 1524mm STPMETRO

Series 6200 — 4 Car Units — Russian Built

6284	6287	6290	6293	6296	6298
6285	6288	6291	6294	6297	6299
6286	6289	6292	6295		

Series 6300 — 4 Car Units — Russian Built

6300	6317	6334	6351	6368	6384
6301	6318	6335	6352	6369	6385
6302	6319	6336	6353	6370	6386
6303	6320	6337	6354	6371	6387
6304	6321	6338	6355	6372	6388
6305	6322	6339	6356	6373	6389
6306	6323	6340	6357	6374	6390
6307	6324	6341	6358	6375	6391
6308	6325	6342	6359	6376	6392
6309	6326	6343	6360	6377	6393
6310	6327	6344	6361	6378	6394
6311	6328	6345	6362	6379	6395
6312	6329	6346	6363	6380	6396
6313	6330	6347	6364	6381	6397
6314	6331	6348	6365	6382	6398
6315	6332	6349	6366	6383	6399
6316	6333	6350	6367		

Series 6500 — 4 Car Units — Russian Built

6500	6517	6534	6551	6568	6584
6501	6518	6535	6552	6569	6585
6502	6519	6536	6553	6570	6586
6503	6520	6537	6554	6571	6587
6504	6521	6538	6555	6572	6588
6505	6522	6539	6556	6573	6589
6506	6523	6540	6557	6574	6590
6507	6524	6541	6558	6575	6591
6508	6525	6542	6559	6576	6592
6509	6526	6543	6560	6577	6593
6510	6527	6544	6561	6578	6594
6511	6528	6545	6562	6579	6595
6512	6529	6546	6563	6580	6596
6513	6530	6547	6564	6581	6597
6514	6531	6548	6565	6582	6598
6515	6532	6549	6566	6583	6599
6516	6533	6550	6567		

Series 6600 — 4 Car Units — Russian Built

6600	6611	6622	6633	6644	6655
6601	6612	6623	6634	6645	6656
6602	6613	6624	6635	6646	6657
6603	6614	6625	6636	6647	6658
6604	6615	6626	6637	6648	6659
6605	6616	6627	6638	6649	6660
6606	6617	6628	6639	6650	6661
6607	6618	6629	6640	6651	6662
6608	6619	6630	6641	6652	6663
6609	6620	6631	6642	6653	6664
6610	6621	6632	6643	6654	6665

St Petersburg (Russia) 91.75Km 1524mm STPMETRO

Series 6600 — 4 Car Units — Russian Built

6666	6672	6678	6684	6690	6695
6667	6673	6679	6685	6691	6696
6668	6674	6680	6686	6692	6697
6669	6675	6681	6687	6693	6698
6670	6676	6682	6688	6694	6699
6671	6677	6683	6689		

Series 6800 — 4 Car Units — Russian Built

6800	6817	6834	6851	6868	6884
6801	6818	6835	6852	6869	6885
6802	6819	6836	6853	6870	6886
6803	6820	6837	6854	6871	6887
6804	6821	6838	6855	6872	6888
6805	6822	6839	6856	6873	6889
6806	6823	6840	6857	6874	6890
6807	6824	6841	6858	6875	6891
6808	6825	6842	6859	6876	6892
6809	6826	6843	6860	6877	6893
6810	6827	6844	6861	6878	6894
6811	6828	6845	6862	6879	6895
6812	6829	6846	6863	6880	6896
6813	6830	6847	6864	6881	6897
6814	6831	6848	6865	6882	6898
6815	6832	6849	6866	6883	6899
6816	6833	6850	6867		

Series 6900 — 4 Car Units — Russian Built

6900	6917	6934	6951	6968	6984
6901	6918	6935	6952	6969	6985
6902	6919	6936	6953	6970	6986
6903	6920	6937	6954	6971	6987
6904	6921	6938	6955	6972	6988
6905	6922	6939	6956	6973	6989
6906	6923	6940	6957	6974	6990
6907	6924	6941	6958	6975	6991
6908	6925	6942	6959	6976	6992
6909	6926	6943	6960	6977	6993
6910	6927	6944	6961	6978	6994
6911	6928	6945	6962	6979	6995
6912	6929	6946	6963	6980	6996
6913	6930	6947	6964	6981	6997
6914	6931	6948	6965	6982	6998
6915	6932	6949	6966	6983	6999
6916	6933	6950	6967		

Toulouse (France) 10Km Rubber Tyres SEMVAT

Metro Cars — SEMVAT

01	08	15	22	29	36
02	09	16	23	30	37
03	10	17	24	31	38
04	11	18	25	32	39
05	12	19	26	33	40
06	13	20	27	34	41
07	14	21	28	35	42

Turin — 9.6km — Rubber Tyres — GTT
VAL 208 — 2 Car Units — Siemens

01	A01	B01	14	A14	B14	27	A27	B27	40	A40	B40
02	A02	B02	15	A15	B15	28	A28	B28	41	A41	B41
03	A03	B03	16	A16	B16	29	A29	B29	42	A42	B42
04	A04	B04	17	A17	B17	30	A30	B30	43	A43	B43
05	A05	B05	18	A18	B18	31	A31	B31	44	A44	B44
06	A06	B06	19	A19	B19	32	A32	B32	45	A45	B45
07	A07	B07	20	A20	B20	33	A33	B33	46	A46	B46
08	A08	B08	21	A21	B21	34	A34	B34	47	A47	B47
09	A09	B09	22	A22	B22	35	A35	B35	48	A48	B48
10	A10	B10	23	A23	B23	36	A36	B36	49	A49	B49
11	A11	B11	24	A24	B24	37	A37	B37	50	A50	B50
12	A12	B12	25	A25	B25	38	A38	B38	51	A51	B51
13	A13	B13	26	A26	B26	39	A39	B39	52	A52	B52

Valencia — 124km — 1000mm — FGV

Series 1001 — 1954-1955 — 600v — DM — MACOSA

| 1001 | 1002 | 1003 | 1004 | 1005 | |

Series 1001 — 1954-1955 — 600v — DT — MACOSA

| 1051 | 1052 | 1053 | 1054 | 1055 | |

Series 3500 — 1954-1955 — 600v — DM — MACOSA

| 3501 | 3502 | 3503 | 3504 | 3505 | 3506 |

Series 3600 — 1982 — 1500v — DM — Babcock&Wilcox

| 3601 | 3603 | 3605 | 3607 | 3609 | 3610 |
| 3602 | 3604 | 3606 | 3608 | | |

Type UTA 3700 (Series 1) — 1987 — CAF

3701	3706	3711	3716	3721	3726
3702	3707	3712	3717	3722	3727
3703	3708	3713	3718	3723	3728
3704	3709	3714	3719	3724	3729
3705	3710	3715	3720	3725	3730

Type UTA 3700 (Series 2) — 1990 — CAF

| 3731 | 3733 | 3735 | 3737 | 3739 | 3740 |
| 3732 | 3734 | 3736 | 3738 | | |

Type UTE 3900 — 1995 — GEC/Alstom

3901	3907	3913	3919	3925	3931
3902	3908	3914	3920	3926	3932
3903	3909	3915	3921	3927	3933
3904	3910	3916	3922	3928	3934
3905	3911	3917	3923	3929	3935
3906	3912	3918	3924	3930	3936

Valencia (cont)

Type TRAMVIA — 1994-1999 — Siemens

3951	3955	3959	3963	3967	3971	
3952	3956	3960	3964	3968	3972	
3953	3957	3961	3965	3969	3973	
3954	3958	3962	3966	3970	3974	

Series 3500 DT — 1954-1955 — MARCOSA

6501	6502	6503	6504	6505	6506

Type UTA — 1981 — Babcock/Wilcox

6601	6603	6605	6607	6609	6610
6602	6604	6606	6608		

Series 3600 — 1982 — Babcock/Wilcox

6651	6653	6655	6657	6659	6660
6652	6654	6656	6658		

Series 3900 — 1994-1996 — ALSTOM

6901	6904	6907	6910	6913	6916
6902	6905	6908	6911	6914	6917
6903	6906	6909	6912	6915	6918

Series 3900 — 2000-2001 — ALSTOM

6919	6922	6925	6928	6931	6934
6920	6923	6926	6929	6932	6935
6921	6924	6927	6930	6933	6936

Vienna — 38.5Km — 1435mm — Wiener Stadtwerke

Type C6 (Trailer Car) — 1979-1990 — Rotax

1901	1909	1917	1925	1933	1940
1902	1910	1918	1926	1934	1941
1903	1911	1919	1927	1935	1942
1904	1912	1920	1928	1936	1943
1905	1913	1921	1929	1937	1944
1906	1914	1922	1930	1938	1945
1907	1915	1923	1931	1939	1946
1908	1916	1924	1932		

Type U/U2 — 1972-1973 — MBB/SGP

2001 + 3001	2003 + 3003	2005 + 3005	2006 + 3006	2007 + 3007
2002 + 3002	2004 + 3004			

Type U/U2 — 1975-1982 — SGP

2008 + 3008	2021 + 3021	2033 + 3033	2045 + 3045	2057 + 3057
2009 + 3009	2022 + 3022	2034 + 3034	2046 + 3046	2058 + 3058
2010 + 3010	2023 + 3023	2035 + 3035	2047 + 3047	2059 + 3059
2011 + 3011	2024 + 3024	2036 + 3036	2048 + 3048	2060 + 3060
2012 + 3012	2025 + 3025	2037 + 3037	2049 + 3049	2061 + 3061
2013 + 3013	2026 + 3026	2038 + 3038	2050 + 3050	2062 + 3062
2014 + 3014	2027 + 3027	2039 + 3039	2051 + 3051	2063 + 3063
2015 + 3015	2028 + 3028	2040 + 3040	2052 + 3052	2064 + 3064
2016 + 3016	2029 + 3029	2041 + 3041	2053 + 3053	2065 + 3065
2018 + 3018	2030 + 3030	2042 + 3042	2054 + 3054	2066 + 3066
2019 + 3019	2031 + 3031	2043 + 3043	2055 + 3055	2067 + 3067
2020 + 3020	2032 + 3032	2044 + 3044	2056 + 3056	2068 + 3068

Vienna (cont)

Type U/U2 (cont)

2069 + 3069	2083 + 3083	2097 + 3097	2111 + 3111	2124 + 3124
2070 + 3070	2084 + 3084	2098 + 3098	2112 + 3112	2125 + 3125
2071 + 3071	2085 + 3085	2099 + 3099	2113 + 3113	2126 + 3126
2072 + 3072	2086 + 3086	2100 + 3100	2114 + 3114	2127 + 3127
2073 + 3073	2087 + 3087	2101 + 3101	2115 + 3115	2128 + 3128
2074 + 3074	2088 + 3088	2102 + 3102	2116 + 3116	2129 + 3129
2075 + 3075	2089 + 3089	2103 + 3103	2117 + 3117	2130 + 3130
2076 + 3076	2090 + 3090	2104 + 3104	2118 + 3118	2131 + 3131
2077 + 3077	2091 + 3091	2105 + 3105	2119 + 3119	2132 + 3132
2078 + 3078	2092 + 3092	2106 + 3106	2120 + 3120	2133 + 3133
2079 + 3079	2093 + 3093	2107 + 3107	2121 + 3121	2134 + 3134
2080 + 3080	2094 + 3094	2108 + 3108	2122 + 3122	2135 + 3135
2081 + 3081	2095 + 3095	2109 + 3109	2123 + 3123	2136 + 3136
2082 + 3082	2096 + 3096	2110 + 3110		

Type U1/U11 — 1986 — SGP

2201 + 3201	2203 + 3203	2205 + 3205	2207 + 3207	2209 + 3209
2202 + 3202	2204 + 3204	2206 + 3206	2208 + 3208	

Type U1/U11 — 1989-1995 — SGP

2210 + 3210	2228 + 3228	2246 + 3246	2263 + 3263	2280 + 3280
2211 + 3211	2229 + 3229	2247 + 3247	2264 + 3264	2281 + 3281
2212 + 3212	2230 + 3230	2248 + 3248	2265 + 3265	2282 + 3282
2213 + 3213	2231 + 3231	2249 + 3249	2266 + 3266	2283 + 3283
2214 + 3214	2232 + 3232	2250 + 3250	2267 + 3267	2284 + 3284
2215 + 3215	2233 + 3233	2251 + 3251	2268 + 3268	2285 + 3285
2216 + 3216	2234 + 3234	2252 + 3252	2269 + 3269	2286 + 3286
2217 + 3217	2235 + 3235	2253 + 3253	2270 + 3270	2287 + 3287
2218 + 3218	2236 + 3236	2254 + 3254	2271 + 3271	2288 + 3288
2219 + 3219	2237 + 3237	2255 + 3255	2272 + 3272	2289 + 3289
2220 + 3220	2238 + 3238	2256 + 3256	2273 + 3273	2290 + 3290
2221 + 3221	2239 + 3239	2257 + 3257	2274 + 3274	2291 + 3291
2222 + 3222	2240 + 3240	2258 + 3258	2275 + 3275	2292 + 3292
2223 + 3223	2241 + 3241	2259 + 3259	2276 + 3276	2293 + 3293
2224 + 3224	2242 + 3242	2260 + 3260	2277 + 3277	2294 + 3294
2225 + 3225	2243 + 3243	2261 + 3261	2278 + 3278	2295 + 3295
2226 + 3226	2244 + 3244	2262 + 3262	2279 + 3279	2296 + 3296
2227 + 3227	2245 + 3245			

Type U1/U11 — 1996-1997 — Siemens

2297 + 3297	2302 + 3302	2306 + 3306	2310 + 3310	2314 + 3314
2298 + 3298	2303 + 3303	2307 + 3307	2311 + 3311	2315 + 3315
2299 + 3299	2304 + 3304	2308 + 3308	2312 + 3312	2316 + 3316
2300 + 3300	2305 + 3305	2309 + 3309	2313 + 3313	2317 + 3317
2301 + 3301				

Type T — 1993-2000 — Bombardier

2601	2608	2615	2622	2629	2636
2602	2609	2616	2623	2630	2637
2603	2610	2617	2624	2631	2638
2604	2611	2618	2625	2632	2639
2605	2612	2619	2626	2633	2640
2606	2613	2620	2627	2634	2641
2607	2614	2621	2628	2635	2642

Vienna (cont)

Type T (cont)

2643	2656	2669	2681	2693	2705	
2644	2657	2670	2682	2694	2706	
2645	2658	2671	2683	2695	2707	
2646	2659	2672	2684	2696	2708	
2647	2660	2673	2685	2697	2709	
2648	2661	2674	2686	2698	2710	
2649	2662	2675	2687	2699	2711	
2650	2663	2676	2688	2700	2712	
2651	2664	2677	2689	2701	2713	
2652	2665	2678	2690	2702	2714	
2653	2666	2679	2691	2703	2715	
2654	2667	2680	2692	2704	2716	
2655	2668					

Type V — 2000-2005 — Siemens

3801 + 2401 + 2801 + 2802 + 2402 + 3802	3861 + 2461 + 2861 + 2862 + 2462 + 3862
3803 + 2403 + 2803 + 2804 + 2404 + 3804	3863 + 2463 + 2863 + 2864 + 2464 + 3864
3805 + 2405 + 2805 + 2806 + 2406 + 3806	3865 + 2465 + 2865 + 2866 + 2466 + 3866
3807 + 2407 + 2807 + 2808 + 2408 + 3808	3867 + 2467 + 2867 + 2868 + 2468 + 3868
3809 + 2409 + 2809 + 2810 + 2410 + 3810	3869 + 2469 + 2869 + 2870 + 2470 + 3870
3811 + 2411 + 2811 + 2812 + 2412 + 3812	3871 + 2471 + 2871 + 2872 + 2472 + 3872
3813 + 2413 + 2813 + 2814 + 2414 + 3814	3873 + 2473 + 2873 + 2874 + 2474 + 3874
3815 + 2415 + 2815 + 2816 + 2416 + 3816	3875 + 2475 + 2875 + 2876 + 2476 + 3876
3817 + 2417 + 2817 + 2818 + 2418 + 3818	3877 + 2477 + 2877 + 2878 + 2478 + 3878
3819 + 2419 + 2819 + 2820 + 2420 + 3820	3879 + 2479 + 2879 + 2880 + 2480 + 3880
3821 + 2421 + 2821 + 2822 + 2422 + 3822	3881 + 2481 + 2881 + 2882 + 2482 + 3882
3823 + 2423 + 2823 + 2824 + 2424 + 3824	3883 + 2483 + 2883 + 2884 + 2484 + 3884
3825 + 2425 + 2825 + 2826 + 2426 + 3826	3885 + 2485 + 2885 + 2886 + 2486 + 3886
3827 + 2427 + 2827 + 2828 + 2428 + 3828	3887 + 2487 + 2887 + 2888 + 2488 + 3888
3829 + 2429 + 2829 + 2830 + 2430 + 3830	3889 + 2489 + 2889 + 2890 + 2490 + 3890
3831 + 2431 + 2831 + 2832 + 2432 + 3832	3891 + 2491 + 2891 + 2892 + 2492 + 3892
3833 + 2433 + 2833 + 2834 + 2434 + 3834	3893 + 2493 + 2893 + 2894 + 2494 + 3894
3835 + 2435 + 2835 + 2836 + 2436 + 3836	3895 + 2495 + 2895 + 2896 + 2496 + 3896
3837 + 2437 + 2837 + 2838 + 2438 + 3838	3897 + 2497 + 2897 + 2898 + 2498 + 3898
3839 + 2439 + 2839 + 2840 + 2440 + 3840	3899 + 2499 + 2899 + 2900 + 2500 + 3900
3841 + 2441 + 2841 + 2842 + 2442 + 3842	3901 + 2501 + 2901 + 2902 + 2502 + 3902
3843 + 2443 + 2843 + 2844 + 2444 + 3844	3903 + 2503 + 2903 + 2904 + 2504 + 3904
3845 + 2445 + 2845 + 2846 + 2446 + 3846	3905 + 2505 + 2905 + 2906 + 2506 + 3906
3847 + 2447 + 2847 + 2848 + 2448 + 3848	3907 + 2507 + 2907 + 2908 + 2508 + 3908
3849 + 2449 + 2849 + 2850 + 2450 + 3850	3909 + 2509 + 2909 + 2910 + 2510 + 3910
3851 + 2451 + 2851 + 2852 + 2452 + 3852	3911 + 2511 + 2911 + 2912 + 2512 + 3912
3853 + 2453 + 2853 + 2854 + 2454 + 3854	3913 + 2513 + 2913 + 2914 + 2514 + 3914
3855 + 2455 + 2855 + 2856 + 2456 + 3856	3915 + 2515 + 2915 + 2916 + 2516 + 3916
3857 + 2457 + 2857 + 2858 + 2458 + 3858	3917 + 2517 + 2917 + 2918 + 2518 + 3918
3859 + 2459 + 2859 + 2860 + 2460 + 3860	3919 + 2519 + 2919 + 2920 + 2520 + 3920

Type E6 — 1979-1991 — Rotax

4901	4909	4917	4925	4933	4941	
4902	4910	4918	4926	4934	4942	
4903	4911	4919	4927	4935	4943	
4904	4912	4920	4928	4936	4944	
4905	4913	4921	4929	4937	4945	
4906	4914	4922	4930	4938	4946	
4907	4915	4923	4931	4939	4947	
4908	4916	4924	4932	4940	4948	

Vienna (cont)

Works Cars

Number	Type	Builder	Built	Vehicle
6900	DR	Schalke	1996	Crew Car
6901	UDD	Knotz	1978	Diesel Trolley
6902	UDD	Knotz	1978	Diesel Trolley
6911	UDZ	Knotz	1978/1981	Diesel Electric Loco
6912	UDZ	Knotz	1978/1981	Diesel Electric Loco
6913	UDZ	Knotz	1978/1981	Diesel Electric Loco
6914	UDL	Jenbacher	1994	Diesel Electric Loco
6921	UBL	Elin	1990	Battery Loco
6922	UBL	Elin	1990	Battery Loco
6931	UDR	Knotz	1980	Diesel Tool Car
6941	UGM	Plasser&Th	1978	Track Machine
6942				Track Measuring Metro Car
6951	UGR	Knotz	1984	Ballast Cleaner
6952	UGR	Jenbacher	1993	Ballast Cleaner

Warsaw   11.2km   1435mm   WARSAW METRO

Type 001   2006   Alstom

001	005	009	013	017	020
002	006	010	014	018	021
003	007	011	015	019	022
004	008	012	016		

Type 401   Russian Built

401	406	410	414	418	422
402	407	411	415	419	423
403	408	412	416	420	424
404	409	413	417	421	425
405					

Type 1001   Russian Built

1001	1013	1025	1037	1048	1059
1002	1014	1026	1038	1049	1060
1003	1015	1027	1039	1050	1061
1004	1016	1028	1040	1051	1062
1005	1017	1029	1041	1052	1063
1006	1018	1030	1042	1053	1064
1007	1019	1031	1043	1054	1065
1008	1020	1032	1044	1055	1066
1009	1021	1033	1045	1056	1067
1010	1022	1034	1046	1057	1068
1011	1023	1035	1047	1058	1069
1012	1024	1036			

Type 2001   Russian Built

2001	2007	2013	2019	2025	2031
2002	2008	2014	2020	2026	2032
2003	2009	2015	2021	2027	2033
2004	2010	2016	2022	2028	2034
2005	2011	2017	2023	2029	2035
2006	2012	2018	2024	2030	

Wuppertal (Germany)			13.3Km Monorail			WSW
Type B72			1972/1974			MAN
1	7	12	17	21	25	
2	8	13	18	22	26	
3	9	14	19	23	27	
5	10	15	20	24	28	
6	11	16				

Works Cars				
Type B01		1901		vdZypen
5 I	22 I			

Notes

Notes

Notes

Notes

Notes

Notes

Notes

HB Publications Ltd

All our books are A5 laminated Spiral Bound and made up with 90gm paper
Full details of all our Publications can be found at www.hbpub.co.uk

UK Sighting Files		2010 European Datafiles		Non-European Datafiles	
PU01 Powered UK Stock	£10.99	IE01 Germany	£11.99	NE1 Australia & New Zeal. 2009.	£7.99
PU02 Hauled UK Stock	£10.99	IE02 German PO	£10.99	**NE2 North Africa 2010**	**£4.99**
PU03 Engineer's Stock	£10.99	IE03 France	£12.99		
PU04 Combined Volume	£10.99	IE04 Benelux	£9.99	**2011 Tram & Light Rail**	
IU08 Internal Users	£6.99	IE05 Switzerland	£9.99	IT01 Western Europe	£10.99
IU09 Pre-nat Departmental Stock.	£7.99	IE06 Austria	£6.99	IT02 Eastern Europe	£11.99
IU10 Dep Coaching Stock	£4.99	IE07 Iberia	£9.99	IT03 Metro Systems	£9.99
PD02 2009 Pocket Datafile	£7.99	IE08 Italy	£9.99	IT04 European Trolleybuses-2010	£11.99
		IE09 Scandanavia	£9.99		
2011 Preserved Datafiles		IE10 Czech & Slovakia	£10.99	**Miscellaneous**	
IP01 Standard Gauge Loco's	£11.99	IE11 Hungary	£6.99	IM3 Locolog	£7.99
IP02 Wagons	£11.99	IE12 Poland	£6.99	IM4 Traction Engines	£7.99
IP03 Coaching Stock	£11.99	IE14 Balkans	£10.99		
IP04 Non-Standard Gauge	£11.99	*IE15 Russia **2007***	*£12.99*		
		IE16 Preserved Loco's & Units	£10.99		

BR Wagons Numerical History

HW01 Vol 1 Directory	£5.99	HW08 Vol 8 Open Wagons (A) (Mineral)	£11.99
HW02 Vol 2 Engineers' Stock	£6.99	HW09 Vol 9 Open Wagons (B) (Mineral)	£11.99
HW03 Vol 3 Vans	£10.99	HW10 Vol 10 Open Wagons (Goods)	£8.99
HW04 Vol 4 Flat Wagons B5xxxx/B7xxxxx	£7.99	HW11 Vol 11 Track Machines	£4.99
HW05 Vol 5 Flat Wagons B9xxxxx	£8.99	HW12 Vol 12 Private Owner Wagons	£10.99
HW06 Vol 6 Brakes Vans & Pre-Nationalisation Vans	£6.99	HW13 Vol 13 BR Box Containers	£10.99
HW07 Vol 7 Hopper Wagons	£9.99	HW14 Vol 14 Air Braked Wagons	£10.99

Foreign Railway Wagons

2011 Editions		FW18 Spain & Portugal	£12.00
FW01 Germany Type 0xxx, 1xxx & 2xxx	£11.99	FW19 Hungary	£14.00
FW02 Germany Type 3xxx	£11.99	FW20 Adriatic, Turkey & Greece	£10.00
FW03 Germany Type 4xxx	£11.99	FW21 Austria Type 0xxx-4xxx	£11.00
FW04 Germany Type 5xxx & 6xxx	£11.99	FW22 Austria Type 5xxx-9xxx	£11.00
FW05 Germany Type 7xxx, 8xxx & 9xxx	£13.99	FW23 Switzerland	£13.00
		FW24 Italy Type 0xxx-3xxx	£13.00
2010 Editions		FW25 Italy Type 4xxx-9xxx	£13.00
FW09 Private Operator	£11.00	FW26 Czech Republic Types 0xxx-2xxx,8xxx & 9xxx	£13.00
FW10 Scandanavia	£12.00	FW27 Czech Republic Types 3xxx, 4xxx & 7xxx	£11.00
FW11 Belgium	£12.00	FW28 Czech Republic Types 5xxx & 6xxx	£13.00
FW12 Luxembourg & Netherlands	£10.00	FW29 Slovakia Types 0xxx-4xxx	£11.00
FW13 France Type 0xxx - 2xxx	£11.00	FW30 Slovakia Types 5xxx-9xxx	£11.00
FW14 France Type 3xxx	£12.00	FW31 Poland Types 0xxx-4xxx	£13.00
FW15 France Type 4xxx & 5xxx	£13.00	FW32 Poland Type 5xxx	£13.00
FW16 France Type 6xxx & 7xxx	£13.00	FW33 Poland Type 6xxx, 7xxx & 9xxx	£11.00
FW17 France Type 8xxx & 9xxx	£12.00	FW34 Bulgaria & Romania	£12.00

Road Haulage 2010

RH01 Fleets A to C	£13.00	RH06 Fleets P to R	£13.00
RH02 DHL Fleet	£13.00	RH07 Fleets S	£12.00
RH03 Fleets D to G	£12.00	RH08 Fleets T to Z	£12.00
RH04 Fleets H to L	£12.00	RH09 European Fleets	£14.00
RH05 Fleets M to O	£12.00	RH10 Road Haulage Register	£13.00

HB Publications

HB1	South West of England 2010	£12.00	HB11	Ireland 2010	£13.00
HB2	South East of England 2010	£12.00	HB12	National Express 2009	£11.00
HB3	London 2010	£14.00	HB13	Preserved Buses 2010	£14.00
HB4	Central England 2010	£11.00	HB14	UK Regional Registration List 2010	£14.00
HB5	Eastern Counties 2010	£12.00	HB17	Hong Kong & Singapore	£14.00
HB6	East Midlands 2010	£10.00	HB21	Budget Stagecoach Fleet 2010	£7.00
HB7	North East of England & Yorkshire 2010	£14.00	HB22	Budget First Fleet 2010	£8.00
HB8	North West of England 2010	£13.00	HB23	Budget Arriva Fleet 2010	£7.00
HB9	Wales 2010	£11.00	HB24	Budget Municipal & Other Major Fleets 2010	£7.00
HB10	Scotland 2010	£14.00	HB31	North of England Bus Garages & Stations	£5.00

Name _____

Address _____

_____

_____

All orders are post free from
HB Publications Ltd, 3 Ingham Grove, Hartlepool TS25 2LH
24 Hour Sales Line 01429 293611 or Order on line at http://hbpub.co.uk

Code	Desciption	Quantity	Cost

Payment Details - Credit / Debit Card or Cheque payable to **HB Publications Ltd**

Sub-Total	
Discount	
Total	

Credit / Debit Card Number

☐☐☐☐ ☐☐☐☐ ☐☐☐☐ ☐☐☐☐

Expiry Date ☐☐☐☐   CV2 No ☐☐☐   Valid from date ☐☐☐☐   Issue No ☐☐

——Maestro Cards Only——

Signature _____